Veronika Beer

Ein Jahr in Stockholm

Veronika Beer

Ein Jahr
in Stockholm

Reise in den Alltag

HERDER

FREIBURG · BASEL · WIEN

Für –ee–

Originalausgabe

© Verlag Herder GmbH, Freiburg im Breisgau 2010
Alle Rechte vorbehalten
www.herder.de

Satz: Dtp-Satzservice Peter Huber, Freiburg
Herstellung: CPI Moravia Books, Pohorelice

Gedruckt auf umweltfreundlichem, chlorfrei gebleichtem Papier
Printed in Czech Republic

ISBN 978-3-451-06084-7

Inhalt

januari	7
februari	24
mars	40
april	56
maj	70
juni	84
juli	102
augusti	119
september	134
oktober	149
november	164
december	176

januari

MEIN KOPF POCHT. Ich kippe kochendes Wasser über ein Päckchen Aufgusskaffee und rühre so lange in der Tasse, bis die letzten Pulverkügelchen aufplatzen, sich dem Koffeinstrudel hingeben und meine Gedanken klarer werden. An Tagen wie diesem sollte ich besser im Bett bleiben, statt dem Ruf der Fremde zu folgen. Bin ich eigentlich übergeschnappt, mein wunderbares Leben gegen das große Unbekannte einzutauschen?

Ich atme und hoffe schwer, dass wenigstens der Balkon trägt, als ich nach draußen trete und mich gegen die Balustrade lehne. Und da stehe ich nun im Stockholmer Sprühregen und über dem grauen Grünstreifen entlang der Skeppargatan, die ich mein neues Zuhause nennen darf. An der Kreuzung zur Strindberggatan schämt sich ein vernagelter Kiosk seiner desolaten Optik, in der Ferne dampfen Industrieschornsteine.

Das also ist es, worauf ich ein knappes Jahr hingearbeitet habe. Wie sieht der Traum von Schweden noch mal aus? So? Ich bin verunsichert.

Dabei war ich so zuversichtlich gewesen, was meinen neuen Lebensentwurf anging. Irgendwie hatte sich in den Jahren das Gefühl eingeschlichen, da könnte noch etwas sein, ohne dass ich genau wusste, was und warum. Ich hatte eine tolle Familie, Spitzenfreunde, zwei Zimmer, Bad und Balkon für mich. Ich mochte meinen Job und liebte München mit seinem Englischen Garten, den Kiesbänken in der Isar, den Kneipen und Biergärten in den romantischen Hinterhöfen.

Dennoch hatte ich schweren Herzens mein Auto abgemeldet, Freund und Hund zurückgelassen und mich vom Alltag verabschiedet. Ich hatte die Herausforderung gesucht und Stockholm gefunden. Hatte ein WG-Zimmer, konnte die Sprache und kannte die Tücken – so dachte ich und glaubte, alles würde gut. Aber natürlich hüpfte der Hase ganz anders.

Da kreiste schon einmal kein Rucksack auf dem Gepäckband am Flughafen Arlanda und auch kein Trolley. Auf der vierzigminütigen Busfahrt ins Zentrum übergab sich das Kind vom Rücksitz in meinen Nacken. Am Hauptbahnhof verkaufte mir der Mann im *Pressbyrån*-Kiosk dann eine Schülerjahreskarte für den Nahverkehr – wahrscheinlich, weil ich auf seine diversen schwedischen Nachfragen zeitverzögert nickte.

Am Karlaplan, wo meine Wohnung lag, brannten kurz vor meiner Ankunft die Kabel für die *t-bana*, Stockholms U-Bahn, durch; meine Linie fiel für den Rest des Tages aus. Oben am Taxistand warteten drei Leute im Glashäuschen – und geschätzt zehnmal so viele als feinsäuberlich sortierte Menschenschlange im Platzregen dahinter. Nein, das dauerte mir zu lange. Ich setzte mich wieder an den Bahnsteig und suchte im Stadtplan nach einem Ausweg. Für die Anmeldung zum Schwedischkurs war es nun ohnehin zu spät. Ich hoffte bloß, ich würde meine Vermieterin noch mit dem Wohnungsschlüssel antreffen – sie telefonisch zu erreichen hatte ich längst aufgegeben.

Irgendwann nahm ich eine *t-bana* zur Station Stadion. Von dort aus war der Weg zur Wohnung weiter, und zu allem Überfluss fand ich mich von dieser, der westlichen Seite, überhaupt nicht zurecht. Erst nach planlosem Einkreisen der Gegend zwischen Königlicher Musikhochschule, Militärareal und Deutscher Botschaft passte alles zusammen: Haus, Straße, Nummer.

Auf Klingelschildern, die so wohlklingende Namen trugen wie Rosenqvist und Blomstrand, suchte ich nach einem Hinweis auf meine Vermieterin. Als ich noch stand und stutzte, öffnete eine Frau die Eingangstür in meinem Rücken, bugsierte mich in den Fahrstuhl und drückte Knopf vier. Sie vermied es zu sprechen, und auch ich wusste nicht recht, was ich sagen sollte. Oben schob sie mich durch eine Wohnung, ums Eck, in ein Zimmer. Kaum war sie – *„Hej då!"* – verschwunden, ächzte es unter mir, und das Bett, auf dem ich mich erschöpft niedergelassen hatte, stand nur mehr auf zwei Beinen. Kurz darauf knackte es erneut, diesmal an der Wohnungstür. Jemand schien etwas abzuholen; dann schrie ein Schwede: „Das war's! Ich komme nicht mehr wieder!"

Hier trugen sich sonderbare Dinge zu.

Der Kaffee auf dem Balkon wärmt meine Finger und bald auch die Seele. Was soll jetzt noch schieflaufen? Mit ein wenig Glück ist die Frau von eben sogar meine Vermieterin Gunilla. Stockholm beginnt. Und ich will nur das sehen, was mir gefällt. Die Kindertagesstätte mit Garten im Parterre zum Beispiel, wo sich der Nachwuchs im Schlamm suhlt und in Wikingerschiffen um die Wette brüllt. Kleine Schweden kriechen dort unten aus typisch falunroten Holzhäusern, um den Vordermann an der Hose zu reißen, sodass, wer nicht flink genug unterwegs ist, mit blankem Hinterteil in den Pfützen landet. Manchen trifft es heute gemeiner als mich, stelle ich beglückt fest und schlüpfe hinein ins Trockene.

Mein Optimismus wird unterstützt von etwas Wohnungsluxus: einem Geschirrspüler und schönem dunklen Parkett. Zudem gehört mir eine eigene *tvättstuga*, eine Waschküche, in der ich schleudern, trocknen und bügeln darf, bis mir schwindlig wird. Das Bad hat Fußbodenheizung und, unüblich und besonders erfreulich: keine dieser seltsamen schwedischen Duschen ohne Wanne und Schiebetür, die aus einer einfachen Brause und einem Sieb im Boden bestehen. Bei einer solchen Konstruktion sprudelt es nicht nur auf schmutzige Körper, sondern ebenso ausgiebig auf Toiletten-brillen, Spiegelschränke und Klorollen. Die Sauerei machen dann saubere Menschen im zweiten Waschgang mit Wisch-mopp und Fensterabzieher rückgängig, so gut es geht. Doch mir gehört eine Badewanne, sogar mit Duschvorhang. Wenn das mal nichts ist.

Mein WG-Zimmer ist eher spärlich eingerichtet. Der Schrank im Eck gemahnt an die Stabilität eines Kartenhau-ses. Der Tisch am Fenster ist Eiche rustikal, die Matratze aus durchgelegenem Schaumstoff. Einer fremdelt in diesem Sperrmüllambiente und erklärt sich solidarisch mit mir: ein antiker Mahagoni-Kasten, auf dem ein Fernseher thront. Die Schubladen sind abgesperrt. Weit und breit kein Schlüssel. Doch immerhin: ein dekorativer Anfang.

Da es nichts zu entdecken, auszupacken und auch nie-manden zum Kennenlernen gibt, beschließe ich, jene Ecken des Stadtteils Östermalm zu erkunden, welche ich beim Irr-lauf um die Häuser noch nicht begutachtet hatte.

Der Regen ist vorüber. Als ich über den Innenhof mit der meterhohen Weihnachtstanne, der gehissten Schwedenflagge und tatsächlich auch einem Schwung hoppelnder Hasen auf die Straße laufe, springen die Laternen auf den breiten Alleen an. Immerhin ist es schon drei Uhr, Dämmerstunde um die-se Jahreszeit für die Bewohner des 59. Breitengrades. Interes-sant und schockierend zugleich. Knapp 800 000 Stockhol-mer teilen sich sechs Stunden Tageslicht. Das muss genügen, schließlich dürfen Mensch, Tier und Pflanze oberhalb des Polarkreises noch eine geraume Weile warten, bis sich die Sonne überhaupt wieder blicken lässt. Wahrscheinlich der Hauptgrund, weshalb das schwedische *Norrland* derart dünn besiedelt ist. Denn schön ist es allemal.

Den Lichtmangel versuchen die Hauptstädter durch über-mäßig üppige und langzeitige Weihnachtsbeleuchtung auszugleichen. Das entdecke ich, als ich von der Artillerigatan auf den Karlavägen abbiege. Über Glühbirnen schimmern allerorten rote und weiße Papiersterne; an Regenrinnen kräuseln sich Lichtgirlanden und betonen die Maserungen des Jugendstils auf den Häuserfassaden mit dumpfem Schein.

In Deutschland hatte mich diverse Reklame an den Sankt-Knut-Tag erinnert, derzufolge den schwedischen Tannen zwanzig Tage nach Weihnachten bei der großen Baumplünderung ihr Schmuck geraubt wird. Jetzt sollten hier eigentlich Gestrüppbündel aus den obersten Fenstern fliegen. Allüberall. Stattdessen zieren noch immer prächtig grüne Nordmanntannen die Wohnzimmer und siebenarmige Leuchter die Fensterbänke. Knut ist und bleibt ein Eisbär aus Berlin.

Ich spähe in eine Küche und entdecke einen Kronleuchter, an dem violette Glaskugeln neben Strohsternen herrliche Effekte an die Decke werfen. Darunter sitzt ein Mädchen, das mir zuwinkt. Die Frau daneben erkennt unsere Kommunikation nicht und lässt die Jalousie nach unten, ehe ich reagieren kann. Ich muss so bald wie möglich Schweden kennenlernen, um genauere Einblicke in ihre Lebensgewohnheiten zu erhalten.

Erst einmal aber muss ich essen. Da trifft es sich gut, dass alle dreißig Meter die Leuchtschrift eines Supermarktes durch die Finsternis sticht, die tägliche Öffnungszeiten von 7 bis 23 Uhr verspricht. Zur Sicherheit greife ich mir drinnen zuallererst zweimal Deo, zweimal Waschgel und zwei Zahnbürsten aus dem Regal, denn:

Ta två, betala en! Nimm zwei, zahl eins,

empfehlen rote Papp-Plakate, und weil ich hier fremd bin, mache ich natürlich, was mir gesagt wird. Wer weiß außerdem schon, ob ich meine Koffer heute noch sehe – und ob überhaupt. Mit Blick auf die Kronen-Preise wird mir dann doch mulmig zumute. Wer München gewohnt ist, dachte ich, wäre andernorts dagegen gefeit, Etiketten auf ihre Ernsthaftigkeit überprüfen zu müssen.

Doch was ist das? Eine Wand, zwei Meter hoch, zwanzig Meter lang, die alles von der Kuh beherbergt. Zu verstehen sind noch die verschiedenen Fettstufen von *standardmjölk*, *mellanmjölk*, *lättmjölk* und *minimjölk*. All diese Milch gibt es aber auch in der Bio-Variante, in „laktosefrei" und mit Fruchtgeschmack. Dann sind da *lättfil*, *filmjölk* und *fjällfil* aufgetürmt. *Fil* im Allgemeinen, so meine Interpretation beim Schütteln, ist dickflüssige Milch. Dies ist aber nur schwer auszumachen, da alles, aber auch alles im Tetrapak steckt. Weil den die Schweden erfunden haben, dominiert er die Regale. Nicht fehlen dürfen dort *hälsofil*, *a-fil*, *f-fil*, *långfil*, *gräddfil*, *matyoghurt*, *mezeyoghurt*, *k-yoghurt*, *fjällyoghurt*, *lättkefir*, *gammaldags mjölk*, *lattemjölk*, *baristamjölk* sowie ihre Kollegen *keso* und *kesella* und das alles wiederum in x Nuancen, die entweder in Richtung Sahne, Crème fraîche oder Kefir gehen. Du liebes Bisschen. Hier gibt es tatsächlich alles, was der Milchmarkt je hervorgebracht hat. Nein, halt: alles außer dem Quark, den ich wollte. Sehr eigenartig.

An der Kasse sortiert eine ältere Dame ihre Kronen und Öre auf dem Laufband, bevor sie diese nach und nach durch einen Silberkasten klimpern lässt. In Deutschland hätte schon längst jemand zu stänkern begonnen, andere wären hektisch von einem Bein aufs andere gestiegen. In Schweden ist *stå i kö*, das leidige Schlangestehen, hingegen Volkssport. Ebenso wie Telefonieren übrigens. Es gibt mehr Hörmuscheln als in London, Handygespräche laufen quasi zum Nulltarif, und dementsprechend klemmt auch fast jedem eine Freisprecheinrichtung am Ohr. Dieses Alltagsphänomen erschließt sich mir alsbald – und dennoch entfährt mir immer wieder eine Antwort, wenn unsichtbar telefonierende Leute Fragen stellen und mir dabei in die Augen sehen.

So zumindest harren die Kunden vor mir gelassen der

Dinge, plaudern vor sich hin, Wort an Wort, Glied an Glied, bis sie an der Reihe sind. Es dauert. Sehr lange. Irgendwie jedoch hat diese Warteschleife etwas Meditatives: Da hätten wir einmal: die Langsamkeit in Person, und dahinter: die geballte Gemütsruhe. Ein Volk wie Buddha.

Zuhause bin ich plötzlich nicht mehr allein. Hinter einer Tür am Eingang rumpelt es. Ich bin unschlüssig, ob ich klopfen soll, hüsteln oder stehen bleiben, und ziehe mich stattdessen in die Sicherheitszone meines Zimmers zurück. Dort ist es allerdings nicht lange sicher. Herein kommt eine junge schwedenblonde Frau, die Kleidung aus meinem Wackelschrank räumt. Beim Hinausgehen falle ich ihr auf. „Oh, 'tschuldige, hab dich nicht gesehen", sagt sie auf Deutsch und streckt unter dem Klamottenstapel eine Hand hervor: „Ich bin die Caro. Und du bist Vero. Wart mal kurz." Sie trägt die Sachen ins andere Zimmer, von wo aus ich es wieder rumpeln höre.

Was für ein Chaos! Ich habe schon viel, aber noch nie erlebt, dass WG-Mitbewohner ihre Sachen über alle Zimmer verteilen. Oder ist heute großer Aus-, Ein- und Umzugstag? Das jedenfalls ist Caro. In ihrer Annonce auf der Stockholmer Wohnungssuchplattform im Internet hatte sie sich so beschrieben:

Ich (w), 26, Nichtraucher, suche möbliertes Zimmer in netter WG. Waschmaschine wäre super. Ohne Internetanschluss gehe ich ein wie eine Blume ohne Wasser. Komme aus Dresden, wo ich bislang mit Freund und Hamster zusammenlebe. Doch die müssen vorerst in Sachsen bleiben ... Freue mich daher, jemanden kennenzulernen, der das „Abenteuer" Schweden mit mir wagt. Gemeinsam sind wir stark. ☺ Bis dahin tschüssi, Carolin

Seit dieser Präsentation ist sie mir sympathisch. Und sie ist mir eine Verbündete in der Fremde unter Fremden. Neben ihr und mir soll eine dritte Person in der Wohnung leben. Meine Vermieterin hatte mir in einer E-Mail Flugbegleiterin My als sehr nett und schwedisch präsentiert, allerdings vor meiner Abreise knapp berichtet:

My wird nicht in die Wohnung einziehen, sie muss in eine andere Stadt. Stattdessen wohnt da nun ein lieber Mann, der Oskar heißt. Oskar ist Schwede. Er arbeitet beim Fernsehen. Frohe Weihnachten und ein gutes neues Jahr.

Oskar also. Ob er das vorhin gewesen war? Der, der nie mehr wiederkommen wollte? Ein kurzes Gastspiel. War doch ein Haken am neuen Heim? – *„Fika?"*, fragt Caro in meine Richtung und reißt mich aus den Gedanken. Sie hat mich von der Türschwelle aus eine Weile beobachtet. „Macht man hier so. Was ist eigentlich mit deinem Bett passiert?"

Nun werde ich eingeweiht. Zunächst in die *fika*-Kultur: *fika* bedeutet Kaffee trinken, wofür die Schweden extra ein viel strapaziertes Verb erfunden haben, das gleichsam allgegenwärtiges Substantiv ist. *Dricka kaffe* klingt für das liebste Hobby einer ganzen Nation einfach zu lahm. Ein Schwede trinkt mehr als 1700 Tassen Kaffee pro Jahr, also fünf Tassen täglich. Demnach führt er die Weltrangliste des Pro-Kopf-Verbrauchs an und wird – wenn überhaupt – nur noch knapp vom finnischen Nachbarn geschluckt.

Um dem vorzubeugen, werden Kaffeekränzchen fest in den Tagesablauf eingebettet. Wann immer Zeit ist, wird eine *fika*-Pause eingelegt, im Café, im Aufzug, im Bus, beim Arzt, im Park, beim Nachbarn, an der Uni, auf der Straße, zu Hause, überall, vor allem aber am Arbeitsplatz. Dort betreiben die Angestellten einmal vormittags und mindestens einmal nachmittags genüsslich diese Prozedur, bei der absolut niemand stören darf. Kein Spaß. So eine *fika* ist eine ernste Sache – und nichts, womit sich Caro vor ihrer Arbeit im *tyska turistbyrån*, der Deutschen Zentrale für Tourismus, drückt: „Es ist ein informelles Treffen unter Kollegen, um sich vernünftig und ohne Stress austauschen zu können, weißte?" Interessant und raffiniert, denke ich. Hier bin ich richtig. Und mit Tasse Nummer drei liege ich gut im Rennen.

„Haste denn auch so seltsame Angebote bekommen?" Caro spricht von den ominösen Wohngelegenheiten auf der monatelangen verzweifelten Suche und eröffnet die Parade der Kuriosa mit einem Durchgangszimmer, in das sie sofort hätte einziehen können. „Dahinter wohnte erstens: ein Chilene. Und noch mal eins weiter hinten: ein Medizinstudent aus Madrid." Mühelos setzt sie die Reihe mit Beschreibungen von Zimmern mit Handtüchern statt Türen und dem Verbot von Schinkenkonsum fort. „Die ersten Nächte musste ich dann tatsächlich bei vier anderen auf so 'ner Spielwiese verbringen, und die neben mir schlief immer nackt. Nie wieder Couchsurfing, sag ich dir!"

Ich kontere mit der Möglichkeit, in einem Bauwagen im Garten zu wohnen und die Toilette im Haus mitzubenutzen, nach zeitlicher Absprache sogar die Dusche. Und mit der Option, das Zimmer bei einer fünfzigjährigen Dänin zu beziehen, die nachts im Wohnzimmer Orakelsitzungen abhält. „Einem Kalle sollte ich Ganzkörperfotos zuschicken, auf denen ich nicht zu viel trage", erinnere ich mich an eine Annonce, die mit „Billiges Zimmer im Zentrum, nur für Frauen" überschrieben war: „Und meine exakten Maße sollte ich nennen."

Wir versuchen, trotz alledem fest an das Gute im Stockholmer zu glauben.

Das Lachen vergeht mir kurzzeitig, als ich in Caros Zimmer spähe: ein fensterloses Kabuff ohne Deckenlicht. Um den Grund für die Misere zu erkennen, braucht es wenig Scharfsinn. Zwischen Caros und meinem Raum war nachträglich eine bessere Pappwand eingezogen worden. Das große Fenster des ehemaligen Wohnzimmers hatte ich abbekommen.

Meiner Mitbewohnerin blieben dunkle siebeneinhalb Quadratmeter für umgerechnet 350 Euro.

„Deshalb ziehst du wohl schon wieder aus?", frage ich und bin ein bisschen bange. Gerade hatte ich sie lieb gewonnen. Eine *fika* bringt Menschen eben zusammen. „Quatsch", erklärt sie, „ich ziehe nur von deinem Zimmer in mein kleines. Das muss reichen in dieser reichen Stadt. Bis heute morgen hat da Ola drin gewohnt. Ist aber jetzt weg, so wie ich das sehe." – „Vorhin war auch noch ein Mann da", berichte ich. Caro grinst. „Nu, klar! Ola ist ja ein Männername. Hab ich auch nicht gleich begriffen."

Es tut gut, eine Leidensgenossin zu haben, die mich heil über die ersten Tage bringt. Ich halte ihr wortlos meine Tasse zum Nachschenken hin. Das heißt *påtår*, „Träne drauf", und ist auch in den Cafés meist kostenlos. So viel zumindest habe ich kapiert.

Mein erster Samstag in Stockholm beginnt schwedisch-traditionell in einem *systembolaget*, kurz *systemet*, einer staatlichen Institution, die das Monopol auf Alkoholverkauf ab 3,6-Prozentigem hält. Um Alkoholprobleme einzudämmen oder zu verhindern, soll ein vernünftiger Handel ohne Profitgier betrieben werden. So steif erklären stylische junge Leute auf Plakaten am Eingang Caro und mir die Existenzberechtigung derartiger Läden. Auch mein Gepäck ist von seinem dreitägigen Ausflug nach Bukarest zurückgekehrt. Zwar sind Föhn und Fotochips defekt, aber ich bin überglücklich über meine Unterwäsche und einen Schlafanzug bei nächtlichen minus acht Grad. Darauf muss angestoßen werden.

Bloß womit? In Trauben von Nordlichtern quetschen wir uns an die Vitrinen, um Zugriff auf allerlei *snaps, vin* und *starköl*, völlig normales Bier, zu gewinnen. Doch anders als in unserem liberalen Einkaufszentrum darf in diesen Geschäften oft nichts angefasst werden. Das bedeutet: Der Kunde begutachtet die Vielfalt und bestellt an der Kasse eines von 7000 Gär- und Brennprodukten aus vierzig Ländern. Etliches hier drinnen aber ist schwedischer Herkunft, auch wenn ich hinter *Absolut Vodka* die Russen vermutet hätte. Absolut schwedisch. Auch die Preise. Da kann ein bisschen Apfelmost so viel kosten wie zwei Tage Skiurlaub im noblen Norden von Åre.

Wir greifen uns den günstigsten Rotwein ohne Lakritzgeschmack und versuchen, auf direktem Weg zu den Kassen zu gelangen. Nicht so einfach. Von gesittetem Schlangestehen ist im *systemet* nichts zu sehen. Besonders in den Rum-, Wodka- und Likör-Fluren herrscht hektisches Treiben, was aus der Ferne einem massenhaften Geschunkel gleicht und sich Richtung Kasse in eine schwungvolle Polonaise fortsetzt.

„Heute ist es besonders wild", berichtet Caro. „Davor haben die mich auf der Arbeit gewarnt. Ist das Wochenende nach dem 25., an dem die Schweden ihr Gehalt kriegen." – „Und das kippen sie sich gleich in einem Zug hinter?", frage ich baff.

„*Just det*", bestätigt Oskar am Abend, als er sich ein Bier öffnet.

Auch wir waren uns am allerersten Tag begegnet. Ich hatte mich trotz der Aussicht, danach in meine verschwitzte, verdreckte Kleidung zurückschlüpfen zu müssen, für eine Dusche entschieden. Abgeschlossen hatte ich auch, wie ich meinte – bis ein dunkelhaariger Mann auf dem Badvorleger stand und mich entgeistert betrachtete.

Skandinavische Türen sind tückisch, weil sie nach keinem erkennbaren Prinzip mal in Richtung des Riegels verschlossen werden und genauso oft dagegen. Viele Fenster wiederum können nur geöffnet werden, indem man einen Knauf mit der einen Hand zur Decke zieht und gleichzeitig mit der anderen derart besessen an einem Hebel ruckelt, als bekomme man soeben den Teufel ausgetrieben. Einfaches Kippen für sanfte Belüftung ist nicht vorgesehen. Nachahmenswert finde ich hingegen die Sandwich-Jalousie, die zwischen zwei Scheiben klemmt; sie verzwirbelt nicht und verlangt auch nie danach, geputzt zu werden.

„Und die Alkoholläden brauchen wir, weil wir sonst den lieben langen Tag betrunken wären." Oskar gibt sich erst gar keine Mühe, sich und seine Landsleute in ein besseres Licht zu rücken. Er findet es kulturell erstrebenswert, sich am Wochenende seinen Gelüsten hinzugeben; Alkohol ist eines davon.

Nüchtern betrachtet ist seine Einschätzung nicht völlig verkehrt. Amerikanische und schwedische Forscher bringen in regelmäßigen Abständen Studien über die Folgen einer Monopolabschaffung heraus, in denen von einem um dreißig Prozent steigenden Konsum und 16 000 zusätzlichen Krankheitstagen pro Jahr die Rede ist. Dennoch hat es der *systemet* in einem grenzenlosen Europa immer schwerer, sich zu behaupten. Mehr als die Hälfte aller alkoholischen Produkte in Schweden stammt mittlerweile vom Schwarzmarkt und aus dem Ausland.

Obendrein ist Schiffchenfahren im Norden sehr angesagt – wohl der natürlichen Verbindung der Schweden zum Wasser wegen, aber auch, weil Alkohol auf hoher See weder verzollt werden muss noch mit den sonst so hohen Steuern belegt ist. Selbst die Fahrkarten dafür werden verschenkt oder verscherbelt, sodass es kaum zu glauben ist, dass einem an Bord keiner Zeitschriften-Abos oder Heizdecken aufzwingen will. Nach den obligatorischen Bingo-Runden wird dermaßen ausgelassen gefeiert und gegrölt, dass mir die Reeperbahn und das Oktoberfest plötzlich wie gesittete Altherrenstammtische vorkommen. Am Stockholmer Hafen erkennt man die Tagesausflügler dann an den Handkarren, auf die sie sich stützen und die für die bessere Balance palettenweise mit Schnaps- und Bierkisten beladen sind. Genau so hat Oskar diverse Male Finnland, Lettland und Norwegen bereist, ohne je von Bord zu gehen. Und er ist immerhin der erste Eindruck, den ich von einem Schweden bekomme.

Weil mich die sterile Klinik-Atmosphäre in meinem Zimmer ganz krank macht, beklebe ich die Wände mit Fotos, Kalendern, Landkarten und Nahverkehrsplänen. In Kombination mit den Salatköpfen auf der Fensterbank wirkt das, als wohne hier eine Schildkröte mit Fernweh und Orientierungsproblemen.

Im Dauerdunkel hatte ich es bald aufgegeben, so etwas wie eine Blütenkultur am Fenster zu züchten. Selbst Asparagus und Christdorn sahen an besonders schwarzen Tagen aus wie Trauerweiden. Deshalb hatte ich beschlossen, mein Fensterbrett mit einem Stück Natur zu bevölkern, das wir beim ersten Schwächeanfall verspeisen konnten.

In Schweden steckt der Salatkopf im Tontopf – ein Wissen, um das ich Caro voraus war, da ich meine Blamage bereits bei einem Supermarktbesuch im Tallinn-Urlaub vollzogen hatte. Unfähig, den Sinn auch nur eines estnischen Worts zu erahnen, hatte ich mich in der Gemüseabteilung vor eine Verkäuferin gestellt und sie in der weltweit gültigen Pantomime-Sprache gefragt, ob man die uns umgebenden Waren denn tatsächlich essen könne. Die Frau hatte so erschrocken dreingeguckt wie ein Reh im Scheinwerferlicht und war ohne Antwort im Grünen verschwunden.

Es schellt an der Wohnungstür. Durch den Spion erkenne ich die hoffentliche Gunilla mit einem Mann, ihrem eigenen vermutlich. Gunilla stellt sich als Gunilla vor, ihr Mann als Gustav. Beide haben sich ein strammes Programm für den Abend überlegt.

Gunilla gibt Caro und mir eine Führung

1. durch die Wohnung (knapp fünfzig Quadratmeter, die wir inzwischen sehr gut kennen),

2. durch das Haus (einen hässlichen Betonkomplex, den wir nicht unbedingt kennenlernen wollen);

3. durch ihre Riesenwohnung eine Etage tiefer (praktisch vier Wohnungen am Stück, aus denen wir einige Zeit nicht mehr hinausfinden);

4. um das Haus herum: unter anderem zur Abfallgarage (elf Container gleichen Inhalts, wo getrennter Müll folglich wieder zusammengeschüttet wird) und

5. zu den Löchern in der Wand im Hausflur, durch die aus jedem Stockwerk der in Plastik verpackte Hausmüll sturzfliegt. (Da die Luken aussehen wie Waschmaschinen, sind Missverständnisse programmiert. Ein älterer Herr wirft ein paar Tage später zwei Hosen und ein zusammengelegtes Hemd in die Öffnung – mit dem Auftrag wohl, dass beide sauber heimkehren mögen.)

Wir haben Mühe, geistig und physisch mit Gunilla Schritt zu halten. Als wir mit einer Menge neuer Schlüssel in die Wohnung kommen, hat Gustav daumengroße Löcher in alle sechs Türrahmen gebohrt. Gerade balanciert er auf zwei Cocktailstühlen und versucht in einem gefährlichen Wackelmanöver, mit Draht Ethernetkabel in den Aussparungen zu verzurren. Wir hatten angemerkt, dass es bislang nichts war mit der versprochenen Internetverbindung, aber deswegen muss sich ja niemand die Beine brechen. Ich halte einen Stuhl und einen Unterschenkel von Gustav so fest ich kann und versuche nicht über den ulkigen Zustand zu lachen, als ich Caro spiegelverkehrt gleiche Dienste leisten sehe.

Kurz darauf ist mitten im Hochtechnologieland Schweden ein Dutzend Kabel quer über die Wohnung verteilt, ausgehend von der großen Schaltzentrale hinter der Küchencouch. Sie hängen teils auf Scheitelhöhe, schlängeln sich wie bei Tarzan die Lianen, sind die Attraktion bei Gästen – und quittieren Menschenkontakt mit sofortigen Aussetzern.

Caro sagt, was sie immer sagt, wenn sie außer sich ist: „Tolle Wurst!" Sie hatte über das Internet mit ihrem Freund telefoniert – bis Oskar beschloss, dass die Kabel vor dem Kühlschrank nerven und umgehend abzuhängen sind. Die Leitung ist tot, und jetzt muss er dran glauben, denke ich bei dem Rabatz im Flur.

Caro schlägt klare Töne über Oskars WG-Untauglichkeit an, die sich schon in den ersten Tagen eklatant offenbart habe. Das Zusammenwohnen einiger Fremder auf engstem Raum ist hier einfach nicht so verbreitet wie in deutschen Großstädten. Als Oskar verlegen kichert, weil er mit der direkten Kritik überfordert ist, und Caro die Zornesröte ins Gesicht steigt, ist es höchste Zeit, auf die Party zu gehen.

Sanne, eine Arbeitskollegin von Caro, hat uns eingeladen. Sie wohnt dreihundert Meter Luftlinie entfernt und will uns die schwedische Fetenkultur nahebringen. Phase eins: geselliges Vorglühen bei ihr zu Hause, da der mitgebrachte Alkohol aus dem *systemet* im Gegensatz zu den Cocktails in den Bars noch halbwegs bezahlbar ist. Phase zwei: hektisches Aufspringen gegen elf, dann im Gänsemarsch zum Östermalmstorg, wo Männer ohne Jacken und Frauen in Miniröcken ausgiebig Schlange stehen wollen, um dann in den Clubs von früheren Fußballgrößen und russischen Bordellbesitzern mit allerhand Prominenz durch die Nacht zu feiern und auf der Toilette am Flachmann zu nippen. Phase drei: heimliches Ausscheren aus der Gruppe auf dem Nachhauseweg, um beim Ausnüchterungsnickerchen am Straßenrand neue Bekanntschaften zu schließen.

Vor diesem Labsal aber sitze ich noch im Warmen neben Elin, meiner ersten schwedischen Bekanntschaft außer Haus, der ich berichte, wie ich Stockholm bei der Interrail-Durchreise für mich entdeckt habe. Das geht noch ganz gut. Ein Jahr Sprachkurs an der Volkshochschule bringt mich beim Zuhören jedoch sofort an meine Grenzen. Ich warte auf die

Chance, Signalwörter aus Unterhaltungen zu filtern, um sie in meinem Kopf sinnvoll zusammenzustöpseln. Allerdings sind die *riksvensk*, also günstigerweise fast dialektfrei sprechenden Stockholmer in ganz Schweden für ihr Sprechtempo verschrieen – im Gegensatz zu den Schonen im Süden, die sich auf jeden Vokal setzen und ihn genüsslich breit drücken. Die Österreicher Schwedens sozusagen. Der Hauptstädter spricht in etwa jede dritte Silbe aus – für meinen Bedarf viel zu wenig. Ich brauche eine Auszeit vom Kopfzerbrechen. Caro ist im Pulk verschwunden.

„Wo ist Lars?", frage ich Elin. *„Lasse? Jante settan!"*, sagt sie – wieder so eine unbegreifliche Silbenkombination, die meinen Fluchtinstinkt verstärkt.

Ich entdecke ihn in der Küche. Lars ist Schwede, groß, blond, sonnenverwöhnt. Und des Deutschen mächtig. Nach zwei Jahren, die er in Hamburg gearbeitet hat, ist er in seine Geburtsstadt zurückgekehrt. Sanne hatte uns einander vorgestellt, und wir hatten über den Schneesturm philosophiert, in den die meisten Gäste auf dem Weg zur Party geraten waren. Er hatte auf ihren Köpfen die verrücktesten Frisuren kreiert, die wir wie Schäfchenwolken zu deuten versuchten.

„Jante settan", wiederhole ich und erliege kurz dem illusionären Wunsch, dass auch ihm die vorgeworfenen Sprachbrocken Rätsel aufgeben. *„Jaha. Jag har inte sett honom,* meinst du wohl. Wen hast du denn nicht gesehen? Suchst du jemanden? Ist nicht leicht am Anfang mit den Gesprächen, was?" – „Ach, frag nicht! Ich komme mir richtig dumm vor."

Lars lächelt, drückt mir eine Tasse *glögg* in die Hand und ruft das, was ich ständig von Schweden höre, wenn eine Portion Gelassenheit vonnöten ist: *„Ta det lugnt!"* Gut, ich nehm's locker. Anders geht es wohl auch nicht.

Die über die Nacht ertanzte Entspannung hält wunderbar an, bis Caro und ich nach Hause kommen. Auf der Toilette hängt für sie rosafarbenes Klopapier mit eingestanzten

Herzen. Die schwedische Art der Konfliktbewältigung werde ich mir noch genauer anschauen, denke ich belustigt, als ich mit müden Gliedern auf meine Matratze am Boden krieche. Mein Puls ordnet sich friedlich dem der feiernden Stadt unter. Sie und ich, wir harmonieren schon ganz gut.

Jetzt:
Augen zu.
Und durch.

februari

DIE STADT IST EINE WOLKE AUS ZIMT. An jedem Eck treffe ich auf herrliche Gerüche und jage ihnen hinterher wie Tom Jerry und Jerry dem Käse. Meistens sind es *kanelbullar*, die Neuankömmlinge wie mich über alle vierzehn Zentrumsinseln duftwandeln lassen. Die gemein guten Hefekringel sind mit einer Ladung Zimt und Kardamom gefüllt und liegen unter Hagelzucker begraben. Bei Caro und mir schlägt dieses Aroma an wie die Glocke bei Pawlow'schen Hunden. Es hält uns in seinem Bann und ist schuld daran, dass wir in den ersten drei Wochen vier Kilo zunehmen. Jeweils.

Hinzu kommen besondere Anlässe wie *fettisdagen*, der fette Dienstag – zeitgleich zum *Fat Tuesday* in den USA. Allerdings werden in Schweden keine Wahlen abgehalten, sondern am letzten Tag vor der Fastenzeit *semlor* gebacken, Hefebälle, die ausgehöhlt werden. Das weiche Innere wird mit Marzipan, Milch und Sahne vermischt und dorthin gesteckt, wo es hergekommen ist. Hefedeckel drauf, und dann schlemmen Caro und ich wieder – diesmal mit unserer Schwedin Elin in der Küche. Sie hatte das Rezept, stand vor der Tür, und wir waren sehr hungrig. „Isst du noch, oder platzt du schon?", fragt mich Caro bei der dritten *semla*, und ich lache so hektisch, dass ich beim Luftholen den Puderzucker schnupfe und bis in die Nacht von Niesattacken befallen bin.

Ich habe Annoncen und Aushänge gelesen und Anfragen durch Stockholm geschickt wegen eines Gelegenheitsjobs. Sie sollen mich an Land und Leute heranführen und mich neben meiner Arbeit als freie Korrespondentin für Zeitschriften und Zeitungen über Wasser halten in diesem Ort an der Ostsee, der auch innerhalb der Stadtgrenzen so viel davon besitzt. Riddarfjärden, ein Ausläufer des Mälarensees, trifft auf Saltsjön aus dem Meer. An Slussen, den Schleusen zwischen der Altstadt und der Nachbarinsel Södermalm, stößt salziges Wasser auf süßes. Egal, welches von beiden es ist: Ich hoffe, es steigt mir nicht gleich bis zum Hals.

Lars wartet am Sergels torg auf mich. Er hatte auf Sannes Fest angeboten, mir einige Ecken seiner Metropole zu zeigen. Er nannte sie sein „überschaubares Paradies", was sich schön gemütlich anhörte. Sven, ein anderer Partygast, sprach vom „Weltzentrum der Solidarität und Gleichheit". Aha, der Wohlfahrtsstaat also. Für Selma Lagerlöf war sie die „schwimmende Stadt", und mein Reiseführer titelte, wohl wegen der 57 Brücken, „Venedig des Nordens". Dieses flunderplatte Resümee von einer Menge Wasser und Wegen darüber müssen bekanntlich auch Sankt Petersburg, Amsterdam, Kopenhagen und Paris ertragen. Origineller fand ich da Oskars Einschätzung, der auf seinen Teller mit Senf, Ketchup, Kaviar und der typischen braunen Soße deutete, in denen *köttbullar*, Fleischbällchen, und Kartoffeln schwammen: „Das ist Stockholm! Alles eben. Alles klar?"

„Kann nicht sein. Da ist ja mal wieder kein Stängel Grünes in deinem Essen", wiegelte Caro ab, woraufhin Oskar eine Tube gehackte Essiggurken über seinem Feierabendsnack leerte. „Du verstehst nichts. Keine Insel hier in der Stadt ist wie die andere; sie sind Gegensätze. Und sogar auf den Inseln geht es total widersprüchlich zu, nichts passt zusammen – und eben doch. Stockholm ist alles und steckt voller Überraschungen – besonders für Ausländer, die keine Ahnung vom Leben hier haben."

Er hat Recht. Ich weiß von der Stadt bislang wenig mehr, als dass sie permanent in Feierlaune ist. Caro und ich haben uns gerne zu diversen Vorfeten und Clubpartys verführen lassen – schon allein, um im *Café Opera*, im *Undici*, im *Hotellet* oder in der *SpyBar* die Schickeria Östermalms zu studieren, in der die Frauen künstliches Blond auf dem Kopf tragen, künstliches Braun auf der Haut und künstliche Brüste vor sich her. Die Männer dazu sind androgyne *H&M*-Models mit langem Haarschopf und anliegenden Jeans um die schlaksigen Beine. Ab zwei Uhr nachts gehen sie ab wie Schmitts Katze mit Zäpfchen, wie Caro es nennt, wenn ein Fang gut situierter Schweden über Cocktail-Theken hechtet und Barmänner zu Boden reißt, auf mit Tequila besudelten Tischen im Takt hopst und auf einem Sofa im Eck einen rhythmischen Striptease hinlegt. Sollte man gesehen haben.

Nun ist es aber Zeit, der hiesigen Kultur den Weg zu mir als neuem Mitglied der Stadtgemeinschaft zu bahnen – und nebenbei die Hosen am Bund wieder bequemzulaufen. Da kommt Lars gerade recht. Er verachtet die High Society, mich hingegen scheint er zu mögen. Mir gefällt er ohnehin – auch weil er die Mission unkonventionell angeht. „Hier siehst du: den hässlichsten Platz der Welt." Er deutet zum Springbrunnen vor meiner Nase, um den sich in mehreren Reihen ellipsenartig der Berufsverkehr schiebt. Aus der Mitte erhebt sich ein unförmiger Glasbrocken, der zu allem Übel noch beleuchtet wird. Ein bloßgestellter dreckiger Klotz. Die Stockholmer nennen diesen Turm verachtend *dumma pinnen*, dummer Stock; für Lars ist er der Rattenschwanz vom Bahnhofsviertel.

Diese Bezeichnung finde ich vor allem deswegen passend, weil meine *t-bana* vor wenigen Tagen für eine kleine Ewigkeit im Tunnel zwischen Östermalmstorg und T-Centralen steckengeblieben war. Den Grund dafür erfuhr ich, als ich am folgenden Abend mit meiner Mutter telefonierte und sie mir aus der Zeitung vorlas:

Eine Ratte hat in einem Stockholmer Umspannwerk für einen dreistündigen Stromausfall im Hauptbahnhof gesorgt.

Auch Hotels und Geschäfte waren betroffen, w e ein Sprecher der Elektrizitätsgesellschaft Fortum sagte. Die Ratte habe eine Verbindung zwischen verschiedenen Komponenten hergestellt und so einen Kurzschluss ausgelöst. „Sie muss wirklich groß gewesen sein, denn zwischen den Teilen, die sie berührt hat, besteht ein gewisser Abstand", sagte der Sprecher weiter. Das Tier zerplatzte und verursachte eine massive Verunreinigung.

In Braun- und Grautönen gestaltet sich auch der Rest der sogenannten Stockholmer City, des neuen Zentrums. Bei der Stadtsanierung in den Fünfziger- bis Siebzigerjahren fiel die Abrissbirne über 750 kulturhistorisch wertvolle Gebäude in dieser Gegend her. Nun prägen „Die fünf Trompetenstöße" das traurige Bild: uniforme 72-Meter-Riesen, die sich gegenseitig das Sonnenlicht und den Meerblick stehlen. In den farblosen Straßenzügen freut sich das Auge schon über die hellgraue Jugendstilfassade des Nobelkaufhauses *NK*, der *Nordiska Kompaniet* an der Hamngatan. Es ging durch die internationale Presse, als dort, in der Damenabteilung, Außenministerin Anna Lindh von einem Mann erstochen wurde, der später angab, die Stimme des Teufels habe ihm dies befohlen.

„Ich will hier weg." Der Ort ist nun wirklich keine Anmut. „Entscheide du. Der Rest haut dich um, versprochen!" Lars freut sich über meine Reaktion. Ich hoffe, Trick siebzehn dient nur der Show und ist keine Notwendigkeit, um den Reiz dieser Stadt zu begreifen.

Wir beginnen dort, wo Stockholm begonnen hat: auf der Insel Stadsholmen mit der Altstadt Gamla stan, Europas größtem und besterhaltenem mittelalterlichen Stadtkern. Das sieht doch schon viel besser aus. Wir laufen über unregelmäßiges Kopfsteinpflaster durch die autofreie Zone der verwinkelten Gässchen. Die Häuserfassaden tragen Schmuck aus Stuck, sind vanille-, karamell- und himbeerfarben gestrichen. Und dazu passend hat die erste Eisdiele bereits geöffnet.

Kurz hinter dem Eingang hat sich wie üblich eine Schlange gebildet. Die Schweden scheinen die Minusgrade beim Schlecken nicht zu stören. Außer Rekordhalter im Kaffeetrinken dürfen sie sich auch Weltmeister im Eisessen nennen. Um die fünfzehn Kilo verdrückt der Schwede pro Jahr, dafür muss er sich früh ins Zeug legen.

In der Eisdiele ziehen wir einen Zettel mit Zahl aus einer Plastikschnecke auf Augenhöhe. Solche *nummerlappar* berechtigen zum Einreihen in die Schlange, zum gesitteten Warten und zum Sprechen, sobald Ladenbesitzer Enrico mit dem Eisportionierer auf einen Knopf neben der Kasse drückt. Auf der schwarzen Tafel über ihm leuchtet dann die Zettelnummer rot. Die gleiche Prozedur kenne ich bereits vom Bäcker, aus Elektroläden, von der Post und aus der Schuhabteilung. Offenbar ist ganz Schweden mit seinem Nummernziehen und Schlangestehen eine ulkige Hommage ans deutsche Arbeitsamt.

Pling.

D 34

Lars tritt an den Glastresen. Sind wir dran? Mein Zögern und den irritierten Blick missversteht Enrico als Angewidertsein und persönlichen Angriff auf sein Eis. „Madame will nichts bestellen", bestimmt er, „aber der nette Herr vielleicht?" Lars ordert zweimal Blaubeereis.

Während ich mir beim Verlassen der Eisdiele gleich wieder doof vorkomme, weil ich die Einzige bin, die die Waffel mit Handschuhen hält, erklärt mir Lars die Altstadt aus Schwedensicht. Hier unten auf der Västerlånggatan könne man sich im Grunde nicht aufhalten, weil nur Touristen unterwegs seien, vorzugsweise Russen, Amerikaner und Deutsche. Ginge also gar nicht. Eben ist tatsächlich ein Schild mit der Aufschrift „SPD Servicegruppe Flensburg 5" an mir vorbeigewandert. Ihm folgte ein Rudel Mützenträger, das seine Führerin fragte, ob man – nach der anstrengenden Wachablösung am königlichen Stadtschloss – beim „Franziskaner" am Ende der Straße langsam mal ein Bier trinken könne. Gut, dass Lars das nicht gehört hat. Wie das Establishment gehen auch Touristen an seine Substanz. Wahrscheinlich will er mich deshalb ratzfatz zu einer Hiesigen machen.

„Dieser Touripfad ist nichts wert", fasst er zusammen. Deshalb müsse die in Wahrheit so teure Meile als billigste Straße im schwedischen Monopoly herhalten. Allerdings seien die Gebäude hier architektonisch sehr interessant. Da! Prachtvolle Portale mit hohen Giebeln. Hinter denen: viel mittelalterliches Bauwerk. Dass in dem meist Souvenirläden steckten, müsse ich jetzt einfach ausblenden.

Bei Robert Lembkes heiterem Beruferaten wären für Lars wenig Münzen ins Schweinderl gefallen. Als Architekt hatte er sich schon auf Sannes Party eine Flasche Schnaps erwettet, weil er die Statik einer Bretterkonstruktion in Frage gestellt hatte, die für den Alkoholnachschub improvisiert worden war. Als später im Wohnzimmer einige Gäste ganz nah zusammengerutscht waren, hatten es ihnen Aquavit und Schlammbowle gleichgetan und den Küchenfußboden geflutet.

Gemeinsam stiefeln Lars und ich nun in tolle Kellergewölbe hinab, sagen *hej!* zu Besitzern von Restaurants und Modeboutiquen und ziehen weiter zu verzierten Deckenbalken aus dem 17. Jahrhundert, Kalkmalereien von 15-irgendwann und imposanten Inneneinrichtungen aus dem Rokoko. Wir schlendern über die Köpmansgatan, die älteste Straße der Stadt. Erklimmen die ausgetretene Steintreppe in Mårten Trotzigs Gränd, der schmalsten Stockholmer Gasse, an deren oberem Ausgang wir nebeneinander nicht mehr durchpassen. Als Lars unerwartet den Gentleman gibt und mich vorlässt, stolpere ich und lande im Matsch der Regenrinnen. Es würde mich umhauen, hatte er ja versprochen. Am Geburtshaus des Malers Carl Larsson gleich ums Eck befindet sich aber ein Brunnen, an dem ich halbwegs sauber werde.

Dann laufen wir zum Brända tomten, wo vor knapp dreihundert Jahren die Häuser verbrannten, lassen uns unter einer Kastanie nieder, und Lars erzählt von seiner Exfreundin, einer Göteborgerin, die er kurioserweise in Hamburg kennengelernt hatte. „Aber das ist vorbei. Viele Schweden bewahren sich ein Hintertürchen, also sei auf der Hut." Er zwinkert, aber ich kann nicht einschätzen, wie ich das zu deuten habe. Ist er wieder zu haben, weil er ihr oder sie ihm fremdgegangen ist? Und ging das jetzt direkt in meine Richtung? Oder gehörte das zu den allgemeinen Kulturinformationen?

Auf diese überraschende Offenheit in Sachen Liebe folgt etwas, das Oskar bereits mehrfach zur Schau gestellt hat: die Angst vor Nähe und Konflikten. So schwenkt auch Lars in unserer Schweigepause betont unbekümmert auf das scheinbar Wesentliche um. Unten, auf der Västerlång, Hausnummer 27, habe der berühmte Architekt Erik Palmstedt gelebt, zwei Eingänge weiter Ministerpräsident Olof Palme, bevor er 1986 mit Frau Lisbet zu einem Kinobesuch aufgebrochen und an der Ecke Sveavägen/Tunnelgatan erschossen worden war.

Soso. Ich kann gerade nicht besonders gut zuhören, weil ich versuche, die schwedische Psyche zu ergründen. Erst die deutschen Spuren auf schwedischem Boden machen mich beim Weiterschlendern aufmerksam: „An Gottes Segen ist alles gelegen", lese ich auf Ornamenten der Patrizierhäuser, und „Auf Gott allein setz die Hoffnung dein". „Fürchtet Gott! Ehret den König!" Was ist denn hier los? Ich weiß nicht recht, ob ich entzückt sein soll, weil ich mich als Deutsche im Ausland gerade so leicht zurechtfinde, oder ob ich mich ärgere, dass das Ausland so bekannt daherkommt. Wir sind im ehemaligen Viertel der deutschen Kaufleute gelandet. Seine wunderbaren kleinen Läden, die Kirche und die Gassen *Tyska skolgränd, Tyska stallplan, Tyska brunnplats* schließe ich sofort ins Herz.

Und beim nächsten Mal, nehme ich mir vor, kümmern Lars und ich uns mehr um die Innenschau als um den Häuserbau.

Ein paar Tage später sitze ich mit lauter Finnen, zwei Japanerinnen, einem Engländer und einem Jamaikaner im Sprachkurs für fortgeschrittene Einwanderer. Unser Lehrer ist Sverker, ein Mittdreißiger in Pantoffeln und orangefarbenen Wollsocken. Er hat mich zum Glück – und, wie er sagt, sehr gerne – nachträglich in seinen Kurs aufgenommen. Nach der verpassten Anmeldestunde muss ich nun allerdings vor die Klasse, um mich vorzustellen, was ich nicht nett finde.

Ich sage also schnell auf Schwedisch, wie ich heiße und wie alt ich bin, dass ich Englisch und Französisch spreche, für die Zeitung schreibe und Politik studiert habe. Das findet Sverker schon mal ungeheuer langweilig.

„Erzähl lieber Geschichten, Vorlieben, Kleinigkeiten, die genau dich ausmachen. Sei doch nicht so deutsch."

Der Vorwurf trifft mich dort, wo es am meisten schmerzt. In den Tiefen meiner im Ausland vom schlechten Gewissen geplagten Seele. Ich bin deutsch, und als wäre das noch nicht Zumutung genug, verhalte ich mich auch so. Doch das hatte Sverker nicht gemeint. Vielmehr sollten seine Worte motivierend auf mich wirken. Offensichtlich bin ich im Psychokurs für Anfänger gelandet, der mir den Weg zu meinem Ich und einem erfüllten Leben ebnen soll. Ich für meinen Teil würde mich damit begnügen, fließend Schwedisch zu können und ein paar nette Leute zu treffen. Doch alle im Raum fixieren mich wie Löwen ein Zebra und gieren nach meinem Innersten. Genau das rät mir, mich mit Vollgas aus der Tür zu empfehlen. Ich schlucke.

„Also, äh, meine Lieblingsfarbe ist Grün, und ich mag keinen Fisch. Die Konsistenz ist eigenartig, da esse ich die Kartoffeln lieber ohne." Ich spüre das Fragezeichen in meinem Gesicht, und auch die Runde sieht mich verstört an. Der Engländer nennt mich „Kartoffel", die Japanerinnen tuscheln. Bei den hier vorrätigen Nationen ist es schwer zu punkten. „Sonst schaue ich gerne Fußball", sage ich und blicke dabei zum Briten, „mag die Musik aus dem Norden", das galt den Finnen, deren Death Metal ich schauderhaft finde, „und bin am liebsten draußen." – Für den Jamaikaner fällt mir nichts Besseres ein, mein Pulver für Musiklügen ist bereits verschossen. Und was mache ich mit den Japanerinnen? „Ich fotografiere wie verrückt."

So. Sverker ist zufrieden. Ich bin ein wenig stolz auf mich. Als ich gerade im Begriff bin, mich zu setzen, sehe ich im Augenwinkel die Hand des Engländers in der Luft zappeln. Ich tippe auf Anmerkungen zu Adolf Hitler, Autos, Bier, Boris Becker. Weit daneben: „Wenn du wirklich Fußball magst, sing einen Schlachtruf für uns!" Ist das sein Ernst? Die Japanerinnen rutschen in froher Erwartung einer Karaoke-Einlage auf ihren Hockern hin und her; der Jamaikaner trommelt mit den Fingern auf die Tischkante; die Finnen nicken im Takt. Ich überlege. Bei der Fußballweltmeisterschaft in Deutschland bin ich an einer Bar vorbeispaziert, in der Deutsche und Schweden gemeinsam tranken, sich bierselig in den Armen lagen und lallten: „Ihr seid nur ein Möbellieferant." Hui, auf Schwedisch klingt das noch um einiges rhythmischer.

Eine Minute später grölt ein Saal Sprachschüler mit mir. Wir sind geeint; wir alle gegen die Schweden. Sverker lässt mich nie wieder allein vor die Klasse.

Schnee sucht in wattebauschgroßen Flocken behäbig seinen Weg gen Boden. Üblicherweise sind über den Winter die Seen zwischen den Inseln zugefroren, in diesem Jahr erstmals nicht. Wie viel größer die Stadt mit einem Mal gewirkt hätte. Nur ein Drittel Stockholms ist Land, die doppelte Fläche beanspruchen Parks und Grünflächen sowie das Wasser für sich, was die meisten Nachteile einer Metropole im Keim erstickt.

Da liegt es in der Natur der Sache, dass die EU-Kommission Stockholm gleich zur Premiere im Jahr 2010 den Titel der „Grünen Hauptstadt Europas" verliehen hat. Sage und schreibe 95 Prozent der Bevölkerung leben im Schnitt dreihundert Meter von Grünflächen entfernt. Vor und nach ihren schillernden Festen löst die Stadt damit ein, was Flagge und *Ikea* versprechen: Sonnengelb ist sie, blau wie Himmel und See um die Zentrumsinseln – und die Mischung daraus, grasig grün. Wo andere Hauptstädter vor lauter Verkehr und Stau, Abfall und Abwasser, Feinstaub und Treibhausgasen nach Luft schnappen wie Karpfen an Land, suhlen sich die Stockholmer irgendwo am Ufer und stippen die Zehen ins Wasser – oder atmen wie jetzt den Sauerstoff der reinen Winterluft.

Ich kann mich wirklich glücklich schätzen. Ich hoffe bloß, ich habe noch einmal Gelegenheit, über das Eis zur Insel vis-à-vis zu laufen, herum um Eishockey spielende Kinder, die von Müttern und Vätern angefeuert werden, während Verliebte ihre Initialen in den milchigen Boden ritzen. Dann werde ich mit Freunden unter diesem buschig bewölkten Schneehimmel ein *fika*-Picknick mit Thermoskannen und Wolldecke einlegen. Eine romantische Vorstellung.

Viel romantischer, als ich mir den nahenden *Alla hjärtans dag* ausmale, den „Tag für alle Herzen", wie schwedische Blumenläden und die Geleeherz-Industrie ihren Valentinstag getauft haben. Die Werbeplakate in den Schaufenstern haben mich in erster Linie gelehrt, wie Lehnwörter hierzulande gehandhabt werden. Die schwedische Sprache hat allerhand Begriffe aus England, Deutschland und Frankreich importiert und der eigenen Aussprache angepasst. Gnadenlos. So wird allen klar, wie der jeweilige Terminus ausgesprochen werden möchte.

Einer Schwedin kann folglich kein derartiges *malör* passieren, wie es vor Jahren einer Frau unterlaufen ist, die bei *Ikea* in Ulm nach einer mit Fäkalien übersäten Lagune gefragt hat. Es dauerte ein wenig, bis der Verkäufer und ich begriffen, dass sie sich schlicht und einfach auf einer lehnenlosen Couch entspannen wollte. Die gemeinte Chaiselongue schreibt und nennt der Schwede *schäslong*, analog zu *revansch, toalett, trottoar, nivå, gratäng, restaurang, adjö, kö, miljö, portfölj, fåtölj, foajé, gelé* – und ist mit dieser *idé* fein raus.

Ich hingegen stehe mit mulmigem Gefühl in den Startlöchern für ein über Großbritannien eingeschwedeltes *dejt*, bin parat, um zu *flirta*, bewahre aber natürlich mein *pokerfejs*. Lars und ich hatten uns in der Zwischenzeit häufiger getroffen. Seine letzte SMS klang so:

Kaffee am Donnerstag? Ich grinse in einer Tour. Ein Kunde hat gefragt, ob ich mich über ihn lustig mache, es ist schrecklich. Also? Kommst du? Du musst, denn du bist schuld! Ich rufe noch an. Café Maria.

Puh! Ich muss gerne – auch weil es dort die besten Zimtkringel der Stadt geben soll. Vor allem aber bin ich nervös. Gott sei Dank liegt zwischen mir und dem Kitschtag für Verliebte ein langes, langes Wochenende.

Da trifft es sich gut, dass ich Abwechslung bekomme und mich dringend schick machen muss: Ich bin zu einem *byffé* im *stadshuset* auf der Insel Kungsholmen geladen. Ich hatte mich an der Uni als Austauschstudentin eingeschrieben, da ich mir einen Kommilitonen wünsche, der Deutsch mit mir sprechen möchte und gleichzeitig mein Schwedisch verbessert. Für diesen Aufwand werde ich sogleich belohnt: Die Stadt begrüßt und bewirtet jeden ausländischen Studenten persönlich im Rathaus – dort, wo sonst nur die Nobelpreisträger und die königliche Familie zum Bankett kommen dürfen. Ich fühle mich also ausreichend gewürdigt.

Caro zählt zum arbeitenden Volk und hat keine Einladung

erhalten, will aber auch dabei sein. Und so marschieren wir gemeinsam über den Innenhof und fühlen uns unter den Bögen romantischen Stils wie in Italien. Zurzeit ist offensichtlich alles und jeder romantisch.

Die Damen am Eingang nehmen es ziemlich genau mit der Passkontrolle. Wir gehören aber zu den wenigen in der Masse, die den Dresscode beachtet haben und weder Jeans noch Sneakers tragen. So stehen wir bald vor endlosen Tischreihen mit Hühnchencurry, Lachs und Nudelsalat. Das entschädigt mich dafür, dass der Blaue Saal ganz und gar nicht blau ist. Im Gegensatz zu ein paar Studenten, die sich mit aller Kraft an der Weinbar festhalten, um nicht umzukippen.

Aus der Menge tritt ein Mann an uns heran, der eine Kette voller Goldmünzen um den Hals hängen hat, was mich an Pippi Langstrumpf und ihre Schatzkiste erinnert. Als ich mir gerade eine Gabel Pasta in den Mund stecke, streckt er mir seine Hand entgegen und sagt: *„Tjena*, ich bin Bo."

Ich erkläre ihm, wer ich bin, was er aber wohl nicht verstehen kann, weil mein Mund gerammelt voll ist. „Schmeckt es denn gut?", fragt er fürsorglich. „Hast du Freude?" Ich versichere, dass ich einen ausgesprochen schönen Abend habe. Um mein Interesse am so freundlich bereitgestellten Essen zu demonstrieren, schlucke ich hastig die Nudeln und frage: „Gibt es eigentlich ein Dessert?" Das weiß Bo nicht. „Vielleicht oben im wunderschönen Goldenen Saal mit dem Mosaik aus 18 Millionen Gold- und Glassteinen." Aha, offenbar ist er nicht direkt fürs Essen zuständig. Er unterhält die Gäste und schaut, dass es jedem gut mundet und keiner enttäuscht nach Hause gehen muss. Das ist doch mal ein Catering-Service!

Im Nebenberuf ist Bo übrigens Stockholmer Bürgermeister, wie ich am kommenden Morgen aus der Zeitung *Dagens Nyheter* erfahre. Gott sei Dank bin auf dem Foto nicht ich zu sehen, wie ich auf Zehenspitzen balancierend an ihm vorbeistiere, um durch das Geländer im oberen Stock vielleicht einen Blick auf eine Eistorte zu erhaschen.

Das Duzen in Schweden ist anfangs irritierend, weil es die Hierarchien und Machtverhältnisse, auf die der Deutsche geprägt ist, unsichtbar werden lässt. Da kann es passieren, dass ein gewöhnlicher Bo mitunter über zwei Millionen Großraumschäfchen wacht, ohne dass ich es bemerke. Jetzt bin ich eines davon, weshalb mir ein solch peinlicher Fehler nicht mehr unterlaufen darf.

Ich sitze nach: Im Internet studiere ich die Gesichter und Namen von Ministern, Fernsehgrößen und Mitgliedern des Königsclans. Olof Palme war es, der das Du in Schweden gesellschaftsfähig gemacht hat. Dadurch ist der Umgang miteinander herrlich unkompliziert. Carl Gustaf darf ich nicht duzen, seine Silvia und Kronprinzessin Victoria aber wohl schon – falls ich einmal in Verlegenheit kommen sollte, mich bei ihnen nach den Nachspeisen zu erkundigen. Gut, ich bin halbwegs im Bilde, und Caro ist damit einverstanden, dass wir mich wieder auf die Gesellschaft loslassen.

Es ist der besagte Donnerstag für konsumorientierte, kaufkräftige Verliebte, und ich werde immer zappliger. Weil ich mir selbst auf die Nerven gehe, versuche ich die Zeit bis zu Lars' Anruf in der Stadt zu vertreiben. Auf Gamla stan soll irgendein Wintersport getrieben werden. Klingt spannend. Ich mache mich auf den Weg.

Auf einer Piste um den städtischen Palast sprinten Langläufer um die Wette. Schon von weitem höre ich das Gleiten der scharfen Bretterkanten im Schnee. Der kam bislang immer zuverlässig vom Himmel, aber auch ihm ist es in diesen Tagen zu warm in der Hauptstadt, weshalb man ihn aus dem Norden liefern ließ. All das stört die Aktiven nicht, die in einem Affenzahn an der Bande vorbeiflitzen, dann für enge

Kurven leicht bremsen, um wieder eine Anhöhe hinaufzupreschen, als wäre der Allmächtige hinter ihnen her.

Ich drücke mich in die vorderen Reihen vor, um das Spektakel nicht nur zu hören, sondern auch zu sehen. Doch es bleibt wenig Zeit, um mich an das Tempo zu gewöhnen. Mein Handy klingelt. „Ja?", frage ich etwas hektisch. „Hej! Du wolltest bei uns arbeiten. Ich stelle dich durch zu Ebba. Mach's gut. Viel Glück!" Oh, ein Job! Bloß – zu welcher Bewerbung? Den Überblick habe ich längst verloren. *Ge mig mera köttbullar!*, fordern lautstark Kinderstimmen durch den Hörer: Gib mir mehr Fleischbällchen! Prima, jetzt hänge ich in der Warteschleife. In Strophe zwei wollen die Kinder meine Pfannkuchen. Als dritter Gang kommt Fischpudding ...

„Guck mal, Papa, da ist der König. Ich dachte, der wohnt auf Gotland!", ruft da plötzlich ein Mädchen rechts vor mir. Was? König? Ich recke den Kopf. „Nein, nein, der lebt in Drottningholm, Matilda", entgegnet der Vater unaufgeregt: „Und hier im Schloss arbeitet er. Du, wollen wir uns bei der Skeppsbron einen Stockfisch kaufen?" Sie gehen davon und geben endlich die Sicht frei.

Tatsächlich, da geht er, keine fünf Meter vor mir, in einer Seelenruhe mit einem Fotografen nebendran, jedoch ohne Sicherheitsleute: der König persönlich, Carl Gustaf Folke Hubertus Bernadotte, den ich um Himmels Willen nicht duzen darf, der XVI., der Mann von Frau Sommerlath, Ihrer Hoheit, ich werd verrückt.

„Hallå?" – Was will denn die Frauenstimme jetzt am Telefon? *Jag kan faktiskt se Kungen!*", brülle ich in den Hörer. „Vad?", kommt zurück: „Den König siehst du? Ja, aber deshalb musst du mich doch nicht anschreien. *Ta det lugnt!* Der läuft überall rum. Also, ich bin Ebba, du hattest dich gemeldet wegen einer Stelle bei uns ..."

Ich höre gar nicht hin. Ich bin damit beschäftigt, meine Kamera aus der Tasche zu pfriemeln, um Beweisfotos zu machen. Damit bin ich allerdings die Einzige. Keiner scheint ihn wahrzunehmen. Armer verkannter König. Dass der jetzt aber auch nicht kurz stehen bleiben kann für ein Foto! Ich drehe auf meiner Digitalkamera einen Minifilm von dem Mann mit schwarzer Jacke und gelocktem Resthaar, damit die Daheimgebliebenen begreifen, was mir hier widerfahren ist. Carl Gustaf schlendert derweil entspannt die Stufen zu seinem Schloss hinauf, wobei er auf der Großleinwand zwei, drei Sekunden kommentarlos eingeblendet wird. Dann ist er weg. Mich zerreißt es fast vor Anspannung.

„Sag mal, willst du das nun machen oder nicht?" – Ich hatte völlig vergessen, dass ich ein Telefon zwischen Schulter und Ohr klemmen habe. „Ähm, was genau?", stammle ich. „Hier im Designladen bräuchten wir einmal pro Woche jemanden. Ab März. Kannst du zum Probearbeiten vorbeischauen?" – „Ach ja, natürlich, ich komme."

In den späten Abendstunden streife ich noch immer wie ein heimatloses Tier durch die Stadt – drücke mich am Wasser entlang, werfe Kiesel hinein und beobachte im Laternenschein die immer größer werdenden Kreise, die sich um den Einschlag ziehen. Unter dem pechschwarzen Himmel ist das Wasser ein endloses Tintenfass.

Lars meldet sich nicht. Im Café Maria wurden vor zwei Stunden die Stühle kopfüber auf die karierten Tischdecken gestellt und mit einem Wischmopp die Reste des Tages beseitigt. So viel hätte ich ihm erzählen wollen. Stattdessen frisst sich allmählich die Kälte durch meine Poren, macht Wangen, Ohren und Finger taub. Meine Stirn ist tiefgefroren, wovon ich einen stechenden Schwindel bekomme.

Ich muss nach Hause. Niedergeschlagen suche ich mir einen Heimweg über den Strandvägen, den Beginn von Östermalm und die Nobelmeile der Hauptstadt. Hier, unmittelbar am Wasser, wo die Schnellboote und Yachten anlegen, leben

Tiger Woods und seine schwedische Frau mit Tochter und Sohn. Die drei Königskinder besitzen Apartments, ebenso Tennisstar Björn Borg, und früher lebte auch Greta Garbo in dieser türmchen- und erkerreichen Nachbarschaft gleich neben Dramaten, dem Königlichen Theater, wo ihre Karriere begann. Etliche Künstler, Galerien und Museen haben sich niedergelassen. Und einige hundert Meter dahinter versuche ich, die Tür zu meiner Wohngemeinschaft geräuschlos aufzudrücken. Oskar schläft bereits, von Caros Stehlampe fällt noch ein Spalt Helligkeit in den Flur.

In den Eisenverzierungen des Spiegels steckt ein Brief. Ich erkenne Lars' Schrift auf dem Kuvert. Meine Halsschlagader pumpt mir Blut ins Gesicht, als ich einen Zettel herausziehe, in den Lichtkegel halte und lese:

Katastrophe – ich musste kurzfristig nach Hamburg und kann nicht einschätzen, wie lange ich bleibe. Tut mir so leid. Dein Handy war belegt ... Bist Du so lieb und kümmerst Dich ein wenig um die Nachbarskinder (Familie Sundin – wir hatten darüber gesprochen)?? Sei mir bitte nicht böse, ich melde mich bei Dir, sobald ich es schaffe ...

Tausend Dank und eine Umarmung, Lasse

mars

ICH BIN ES LEID. Auf einem dieser schwedischen Kissen halber Größe und ein paar Zentimetern Schaumstoff über dem Boden zu schlafen, schlägt mir auf den Rücken und die Stimmung. Deshalb versuchen Caro und ich, uns im mit 55 200 Quadratmetern weltgrößten *Ikea* zu orientieren, in *Kungens kurva*, einem Gewerbegebiet südlich der Stadt. Das heißt „Kurve des Königs", weil König Gustav V. – Opa des jetzigen, vielfach geblitzten Throninhabers – sie offenbar als Rennstrecke testete und mit dem Wagen im Wassergraben landete. Klar, dass es die *Dagens Nyheter* auf der Titelseite brachten. Eine Tankstelle vor Ort nannte sich *Kungens kurva*, und heute heißt die ganze Gegend so.

Lustig sind sie, die Schweden mit ihrer Namensgebung, denke ich, als ich mich auf den nicht enden wollenden Wegen kurz in den Sessel *Poäng* fallenlasse. Mit Schalk im Nacken benennen sie Landstriche, Möbelstücke und nicht minder sich selbst. Die meisten heißen ja Maria oder Karl, Emma oder Erik. Allerdings gibt es im Volk eine eigenartige Vorliebe für den Jungenvornamen Hampus, der noch vor Daniel und Benjamin in der Popularitätsliste rangiert. Zudem nennen tausende Elternpaare ihren Sohn schlicht Bror, also Bruder, wie bei der Verkleinerung Lillebror von *Karlsson auf dem Dach*. Zu meinem späteren Bekanntenkreis zählten Gulli, Stricke und Svantepolk. Und als Elin einmal fragte: „Treffen wir uns bei Douglas?", glaubte ich, sie wolle mit mir in eine Parfümerie. Erst später begriff ich, dass sie von der Party bei einem Schulfreund sprach. Dort stellte sich mir dann ein Schwede mit dem liebenswürdigen Namen Love vor.

Tollkühn zeigen sich aber auch die Deutschen, die für ihren männlichen Nachwuchs den Namen Tjorven aus Schweden importieren. Der bedeutet so viel wie dickes Würstchen, wurde von Astrid Lindgren erfunden und in *Ferien auf Saltkrokan* als Spaßname verwendet – für ein Mädchen. Die Schweden rufen höchstens das dralle Postauto so.

Die Namenswahl kann also über Ländergrenzen hinweg eine prekäre Wirkung entfalten. Mein Problem nennt sich universell Lars, der nach wie vor untergetaucht ist und dessen Anruf ich erneut ignoriere, als wir in die WG zurückkommen. Statt aus einem Schwung gleich aussehender Teile einen Beistelltisch zu zimmern, sehe ich mit Oskar erst einmal Nachrichten auf *TV4*, dem Sender, bei dem er als Ingenieur arbeitet und vorrangig die Wetterkarte gestaltet. Doch Caro hat in null Komma nichts ihr Zimmer eingerichtet und schon neue Pläne: „Umschalten! Heute ist *melodifestivalen*."

Der schwedische Vorentscheid zum Eurovision Song Contest gehört zum Pflichtprogramm. Wo in Deutschland notgedrungen zwei oder drei mittelmäßige bis unbekannte Gruppen an den Start gehen, verausgaben sich in Schweden die populärsten Bands, um unter die letzten 32 zu gelangen und damit bei *SVT1*, der schwedischen ARD, auf Sendung zu gehen. Bereits über viele Wochen hinweg haben diese Auftritte dem Fernsehpublikum bizarre Samstagabende beschert, etwa als Frauen mit blauen Zylindern und Cheerleader-Puscheln am Hintern eine erschöpfte Mischung aus Roland Kaiser und Karel Gott befächerten und zum Abschluss des Liedes *I Love Europe* sämtliche europäischen Flaggen aus dem Allerwertesten zauberten. Heute stemmen sich Menschen mit kuriosem Styling gegen das Gebläse der Windmaschinen, dass die Tüllflügel nur so flattern. Dieses Genre nennen die Schweden im Übrigen *schlager* – eines der grandiosen Wörter das sie sich neben *autobahn, wurst* und *besserwisser* aus dem Deutschen abgeguckt haben.

Und so verfolgen wir in einer Runde aus Pizza, Oskar und Holzbeinen, wie im Stockholmer *Globen*, dem größten Kuppelbau der Welt, der dem Druckwasserreaktor eines Atomkraftwerks gleicht, eine Frau gewinnt. Selbst die sieht ziemlich konstruiert aus. Charlotte Perrelli sicherte Schweden 1999 als Charlotte Nilsson mit noch natürlicher Mimik und einem Lied der *ABBA*-Mitglieder Björn und Benny den Sieg beim Musikspektakel. Jetzt ist sie der lebende Beweis dafür, dass die plastische Chirurgie schauderhafte Verbrechen anrichten kann. Die Schweden finden das nicht weiter tragisch. Millionen geben Perrelli *tolv poäng*, zwölf Punkte, und schicken sie erneut ins Finale. Dort wird zwei Monate später kaum ein Mensch für sie zum Telefonhörer greifen können, weil ihr Anblick ganz Europa in Schockstarre versetzt.

Und als wäre das alles nicht schlimm genug, muss ich auch noch feststellen, dass bei der Montageanleitung für meinen Tisch Seite zwei und eine Schraube fehlen. Ich lasse also meiner Kreativität freien Lauf, was man dem Möbel später nur unter extremer Belastung anmerkt.

Mit der schwedischen Sprache verhält es sich leider anders. Zwar ist das Regelwerk dafür auch höchst lückenhaft und widersprüchlich – doch meine Improvisationen fallen auf. Glücklicherweise hat mir die Uni einen Tandempartner vermittelt, mit dem ich mich nicht sonntags zum Radfahren treffe, wie Elin vermutet, sondern auf den Sitzbänken im Unigebäude, um mein Schwedisch und im gleichen Aufwasch sein Deutsch zu polieren.

Wie verabredet wartet Anders am Geländer im *A-huset* auf mich. Er trägt ein Ensemble aus Schwarz; der Ledermantel mit hochgestelltem Kragen reicht ihm bis zu den Knöcheln. Als mich der seit Tagen tobende Schneesturm durch die Tür drückt, plustert sich Anders auf wie eine nasse Amsel an einem Sommerabend. Es dauert eine Weile, bis bei ihm die Luft raus ist und ich mir die dicksten Eisbrocken vom Mantel geklopft habe.

Wir machen *fika* und beschnuppern uns. Schnell steht fest: Anders ist sehr speziell, anders eben, aber auf eine ungemein gute Art. Nach ironischen Anspielungen auf die deutsche Geschichte fällt er seinen eigenen Landsleuten in den Rücken, was ihm besondere Freude bereitet. Seine spitzen Zähne blitzen, als er mir den Stammbaum des Königshauses Bernadotte auf die Rückseite des Kassenbons skizziert und dazu erläutert: „Alles, was die Schweden in Bezug auf Philosophie zu Stande gebracht haben in den vergangenen Jahrhunderten, war –", Spannungspause, „dass sie Descartes ein Grab geschaufelt haben."

Ich bin mir sicher, dass ich seine schwedischen Ausführungen gründlich missverstanden habe. Nach den Fettnäpfchen der ersten Wochen bin ich schlauer geworden und frage lieber öfter nach: „Ist Descartes nicht Franzose? Und schaufeln, ist das das mit einer Schaufel?" Anders muss lachen, als ich die Fäuste balle und ein paar Spatenstiche imitiere. „Natürlich ist Descartes Franzose", nimmt er das Gespräch wieder in Angriff: „Und den haben wir umgebracht, kannste mal sehen!"

Ich weiß nicht, was ich mit dieser Information anfangen soll. Mein Tandempartner holt aus und berichtet mit allerhand Ausschmückungen, was sich damals, 1649 und 1650, nach seiner Meinung am Königshof zugetragen hat. Der Philosoph war nach mehrmaliger Einladung Königin Kristinas von Schweden nach Stockholm gereist. Beide hatten sich jahrelang Briefe geschrieben. Sie wollte sich von ihm unterrichten lassen, und er wollte Geld.

„Erst meinte er, ein Mann, der in den Gärten der Touraine geboren wurde, wolle eben nicht ins Land der Bären ziehen, um zwischen Klippen und Gletschern zu leben." Anders ist total in seinem Element: „Das hätte er lieber beherzigen sollen. Das Klima und das frühe Aufstehen bekamen ihm überhaupt nicht."

Ich nicke verständnisvoll. Diese schwedischen Untugenden machen mir momentan auch zu schaffen. Die Dunkelheit hat auf Dauer eine müde machende Sogwirkung. Und da selbst ich etwas Tageslicht brauche, muss ich so früh wie möglich hinaus in die Kälte, um auf Touren zu kommen. Mit Weggehen bis fünf und Frühstück um zwölf ist es schon lange nichts mehr. Ich fühle mich Descartes nah wie nie.

„Offiziell starb er an einer Lungenentzündung. Doch in Wahrheit handelte es sich um eine Arsenvergiftung." Anders lehnt sich zurück, nimmt einen Schluck Tee und erwartet meine Reaktion. Lägen unsere Gesichter im Scheinwerferlicht einer Schreibtischlampe, befänden wir uns jetzt am Wendepunkt eines *Tatorts*. „Ach, glaub ich nicht", entgegne ich, weil mir die geheimnisvolle Stimmung gerade gegen den Strich geht.

Anders ist gekränkt. Als ich genussvoll in meine *kanelbulle* beiße, spricht er von schwarzem Speichelauswurf, blutrotem Urin, wandernden Augen und chronischem Schluckauf bei unserem sterbenden Patienten. Die restlichen Symptome verstehe ich nicht. Mein Schwedisch fasst erst wieder Fuß, als von einem Begräbnis in Stockholm die Rede ist, der Umbettung auf einen Pariser Friedhof und der Tatsache, dass dem toten Descartes lange der Kopf fehlte, der bis Ende des 19. Jahrhunderts als Diebesgut umhertingelte.

Nach dem Treffen ist mein Wortschatz um die Begriffe Atemnot, Exhumierung und Auslandskrankenversicherung reicher. Vielleicht sollte ich mir für die nächste Sitzung einige Alltagsthemen zurechtlegen. Anders studiert Kriminologie und dürfte ohne Widerstand immer wieder in gruselige Sphären abgleiten.

Vogelgezwitscher weckt mich. Wie wunderbar – wenn es mich nicht nachts um zwei um Schlaf und Verstand bringen würde. Ich winde und drehe mich verzweifelt, träume wirre Sachen von Hamburg und Skirennen und davoneilenden Zügen, bis die königliche Straßenreinigung in drei hyperaktiven Schüben ihre Bürsten über der Skeppargatan ausgefahren hat und ich mich damit abfinde, kein Auge mehr zuzubekommen.

Der Tag meiner Probearbeit im Designladen beginnt folglich mit einem extra frühen, extra starken Morgenkaffee, der mich aber nicht davor bewahren kann, im Treppenhaus die Stufen nach unten mit dem Po zu nehmen. Im Schutz der Dunkelheit hatte da jemand seinen nadelnden Weihnachtsbaum entsorgt – und das kurz vor Ostern. So viel zu Sankt Knut!

Im Östermalmer Einkaufszentrum *Fältöversten* und damit direkt vor meiner Haustür liegt ein *DesignTorget*. Diese Kette vertreibt skandinavisches Design, das wie ein Überraschungsei drei Bedürfnisse auf einmal erfüllt: Was Langlebiges, was Praktisches und was zum Schmunzeln sollen all die Dinge um mich herum sein. So erklärt es mir Ebba, die den Laden leitet. Weil bereits einiges los ist, geht sie hinter die Kasse, und wie ihre Kundschaft sehe ich mich erst mal in Ruhe um.

Auf einem Tisch stapeln sich Becher mit aufgedrucktem Schnauzer oder Papageienschnabel, damit wenigstens beim Trinken lustig aussieht, wer das nicht ohnehin schon tut. Für die Käsesemmel gibt es ein nettes Papierhöschen in Leoparden- und Zebraoptik. Damit bei den Herren keine Langeweile aufkommt, liegt ein Memory-Set aus, bei dem sie zwei gleich geartete Brüste aufdecken müssen. Doch auch sinnvollere Sachen wie Bücherständer und Zeitungsrollen kommen extravagant daher. Als ich zum nächsten Tisch wechsle, verfolgt mich ein Kuckucksuhr-Wecker wie ein Panzer auf Gummirädern.

„Kannst du mir sagen, was das sein soll?' Eine Kundin

wedelt mit einem Stofftier-Bündel unter meiner Nase herum. Dummerweise habe ich mich auf Ebbas Wunsch komplett schwarz angezogen, damit mich eine Frau wie diese als qualifizierte Arbeitskraft erkennen kann. „Steht das denn nicht drauf?", frage ich und untersuche hilflos das Etikett. „Na, Schlüsselanhänger steht da schon. Meine Tochter bekommt zu Ostern ein neues Fahrrad, weißt du? Aber was für Gestalten sind das denn – vielleicht die Comicfiguren aus *Bolibompa*?" Das schwedische Kinderfernsehprogramm sehen Caro, Oskar und ich mit der gleichen Begeisterung wie ein Fünfjähriger. Diese Dreiecke oder Tropfen in Gelb und Braun sind mir dabei aber noch nie aufgefallen.

Ich finde gar nicht so abwegig, was ich daraufhin in den Raum stelle: „Das eine könnte eine gedrehte Haube aus Kartoffelpüree sein und das andere vielleicht ein Fleischbällchen?" Die Frau guckt skeptisch und ruft Richtung Kasse: „*Är det verkligen köttbulle med potatis?*" – „*Nej!*" – Ebba zieht das e im schwedischen Nein vor lauter Unverständnis über die Frage zu einem derben stockholmerischen ä. „*De är kiss och bajs!*" – „Oh, wie lustig das ist! Dann nehme ich die natürlich", schreit die Frau und steuert auf Ebba zu, die lacht und mir einen aufbauenden Augenaufschlag schickt. Ja, ja, ich weiß: *Ta det lugnt!*

Nun verstehe auch ich: Die Frau hat soeben das kleine und das große „Geschäft" am Schlüsselbund gekauft. *Vad äckligt!*, echt eklig!, denke ich mit einem Östermalmer ladyliken naserümpfenden ä.

Das Problem dieser Tage ist die Kombination diverser Sprachen, Dialekte und stadtteiltypischer Besonderheiten. Wie im Schwedenrätsel geht es ständig kreuz und quer, und in meinem Kopf herrscht heilloser *wirrwarr*, wie es auch der Schwede nennt. Genau da fängt es nämlich schon an. Einige Wörter und Redewendungen sind dem Deutschen ähnlich, weshalb ich den üblichen Lernprozess über Wörterbücher oft aus Bequemlichkeit ausblende und kreiere, was ich für sinnvolles Schwedisch erachte. Doch sobald ich mich auf die Sprachverwandtschaft verlasse, funktioniert es grade nicht – und Sverker schaut mich an, als wäre ich nicht ganz bei Trost. Oskars ausgesprochenes Westküstenschwedisch ist derweil selbst für Stockholmer mysteriös, und Caro überfordert mich im Supermarkt, wo ich mich „auskäsen" soll, weil sie „Knast" hat.

Dabei ist es besonders meine Muttersprache, die unter den Schwedischfortschritten leidet und mittlerweile auf das Niveau eines Schulanfängers geschrumpft ist. Da ich es tagtäglich so sehe und höre, schreibe ich in Berichten und E-Mails „kann" natürlich mit einem n. Überhaupt verzichte ich jetzt auf eine Menge Buchstaben und Silben, die mir neuerdings nicht mehr so dringlich vorkommen. Dem „ungefähr" beispielsweise entziehe ich das h, spreche das g wie j, rolle das r wie ein Schweizer und verleihe dem Ganzen eine französische Schlussbetonung.

Die Stockholmer selbst sind keine Hilfe, um das Dickicht zu lichten. Bemerken sie, dass sich Ausländer schwertun mit Vokabular und Aussprache, schwenken sie wie selbstverständlich auf perfektes Englisch um – Zehnjährige ebenso wie Rentner. Weil es Schweden gern neutral haben, trifft man sich eben auf gemeinsamem Sprachterrain.

„Sorry, you looked so Swedish. But great, let's speak English!" – „Förlåt, men är du snäll och pratar svenska med mig?" So oder so ähnlich bettle ich regelmäßig darum, mein Schwedisch stockend-stotternd zum Besten geben zu dürfen.

Nach ein paar Stunden im *DesignTorget* jedenfalls bin ich um einen Nebenjob und einige Erfahrungen reicher. Mein erstes Geld investiere ich gleich in zwei Türmatten. Auf der einen steht:

MOBILEN – NYCKLARNA – PLÅNBOKEN

(DAS HANDY – DIE SCHLÜSSEL – DIE BRIEFTASCHE)

auf der anderen:

SPISEN – FÖNSTRET – STRYKJÄRNET
(DER HERD – DAS FENSTER – DAS BÜGELEISEN).

Die Abstreifer weisen auf das Wichtigste hin, das ich geneigt bin zu vergessen, wenn ich in Hektik die Wohnung verlasse, und sind somit ein origineller Unheilvermeider. Ich freue mich auf einen ruhigen Abend, als ich auf die Skeppargatan abbiege – und eine Kolonne von Feuerwehr- und Polizei-autos sowie Krankenwagen vor meinem Haus entdecke.

Ich bleibe wie angewurzelt stehen und denke:

DER BACKOFEN – DER HEIZSTRAHLER – DIE HERDPLATTEN,
DIE CARO – DER OSKAR – MEIN NOTEBOOK!

Hoffentlich war alles aus beziehungsweise ist jetzt noch heil, bete ich, als ich schnellen Schrittes in die stinkende Umgebung eines Schwelbrandes eintauche. Gerade schieben Sanitäter jemanden auf einer Trage in den Krankenwagen. Ich halte die Luft an, mir steigen die Tränen in die Augen – zum einen aus Anspannung, zum anderen wegen des beißenden, nicht auszuhaltenden Geruchs von Gas und geschmolzenen Kabeln. Durch den Dunst erkenne ich aber zum Glück, dass es keine mir bekannte Person ist, die da abtransportiert wird, was die Sache für diese Frau natürlich nicht besser macht. Sie hat eine Platzwunde an der Schläfe und wirkt benommen. Wenige Meter weiter erblicke ich Caro und eile hinüber.

„Weißt du, was los ist? Ist dir was passiert? Warst du oben in der Wohnung?", frage ich. „Dreimal nee", sagt sie, „ich komm auch grad vom Einkaufen. Vielleicht können wir ja wieder rein. Mir ist kalt." Sie stülpt sich den Schal über Nase und Mund, nimmt mich am Arm und wandert entschlossen Richtung Haustür. Eine Frau mit der Aufschrift *brandsoldat* auf der Reflektorenjacke ist damit aber nicht einverstanden. Sie leite den Feuerwehreinsatz und sei auch für die Sicherheit von uns beiden zuständig, erklärt sie freundlich und entschuldigt sich zweimal für die Umstände. Die Lage sei noch zu unsicher. Sicher ist hingegen, dass es sich beim Gebläse an der Ausgangstür unseres Einkaufszentrums um eine geniale Erfindung handelt, die wie die Dinge im *Design Torget* langlebig, praktisch und lustig zugleich ist. Verfroren stellen wir uns darauf, Caros Rock flattert im Monroe-Stil, und wir bilden uns ein, um uns herum wehe eine warme Sommerbrise.

Nach einer knappen Stunde dürfen wir zurück in die WG. Im Flur brennt Licht, das keine von uns eingeschaltet hatte. Wir sehen uns um – und trauen unseren Augen kaum: Die Sicherheitsleute haben das Haus geräumt, alles auf zwei bis vier Beinen evakuiert, aber Oskar vergessen, der friedlich in seinem Bett schlummert und nun schlaftrunken fragt, warum wir ihn um Himmels willen um sein Nickerchen bringen würden. „Mann, Oskar, das Haus wäre fast abgebrannt. Und du gleich mit." – „Ach, erzählt mir doch keine Märchen!" Wenig später ist er wieder eingeschlafen.

Als Beweisstück dient am kommenden Morgen meine Skiunterwäsche, die auf dem Balkon kräftig Schwelbrand geatmet hat. Ich entsorge sie über die Luke auf dem Flur und stelle mir den Fahrer des Abfallunternehmens vor, wie er den Kopf schüttelt und sich denkt, irgend so ein Trottel hätte wieder den Sinn der Hausmüllschleuse nicht kapiert.

Obwohl der Winter das Land fest im Griff hat, ist es höchste Zeit für *påsk*, das Osterfest. An kahlen Zweigen in den Vorgärten hängen Federbüschel, die mal an gepunktetes Gefieder vom Fasan erinnern, öfter aber so grell sind, als wollten sie noch zum Christopher Street Day oder zum Karneval nach Rio. Caro und ich entscheiden uns am Blumenstand auf dem Karlaplan für eine gute Mischung der beiden Extreme und fühlen uns dabei ungemein schwedisch. Somit wird der *påskris*, unser Osterreisig für die Fensterbank, zwar ordentlich farbig, aber nicht geschmacklos – *lagom* also, genau richtig. Seit einigen Wochen haben wir dieses Lebensprinzip der Schweden verinnerlicht, das bedeutet, nicht zu viel und nicht zu wenig zu tun oder zu haben, sondern sich immer mittig auszupendeln. Denn auf dicke Hose zu machen, das liegt der Nation, die nach dem *jantelagen* funktioniert, dem Gebot zur Bescheidenheit, überhaupt nicht.

Typisch unschwedisch genehmigen wir unseren Zweigen allerdings etwas Wasser, was in den Cafés und Restaurants der Stadt verpönt ist. Das hatte uns Sverker beim „Kennenlern"-Essen des Sprachkurses am *dymmelonsdag* (so viel wie „dumpfer Mittwoch", an dem die Metallklöppel in den Kirchenglocken durch Holzstäbe ersetzt werden, um die stille Woche stilvoll einzuläuten) gedolmetscht: In öffentlichen Lokalen wie der alten Bierhalle des *Pelikan* auf Södermalm, wo wir uns getroffen hatten, dürfen aus Rücksicht auf Allergiker keine Knospen sprießen. Keine Extreme, kein Wasser: Schweden sind wahrlich Meister der Konfliktvermeidung.

Tags darauf, am *skärtorsdag* (der Gründonnerstag ist hierzulande rosa), fliegen als Osterhexen verkleidete Kinder auf einem Besen durch unsere Straße. „Wo wollt ihr denn hin?", frage ich das Mädchen mit den rötesten Wangen und den meisten Sommersprossen. *„Till blåkullan"*, schreit es: „Zum Blocksberg! Dort feiern wir mit dem Teufel." – „Aber vorher müssen wir unsere Karten verkaufen", mischt sich eine um die Ecke biegende Kollegin mit Warzenkinn ein, die mir ein Stück Pappe unter die Nase hält, auf das sie ein Ei aus Watte geklebt hat.

Ich krame also ein paar Münzen und Bonbons aus meiner Tasche. Wohl zum Dank hämmert das Warzenkinn dreimal gegen einen Kaffeekessel, den es unter der Schürze versteckt hatte, und schwirrt von hinnen.

Am Ostersonntag gibt es in der WG Lammkoteletts, Eier und einen Auflauf aus Kartoffelstiften, Zwiebeln und Anchovis, der sich *Janssons frestelse*, Janssons Versuchung, nennt. Oskar freut sich wie ein Schnitzel.

Nach dem Essen suchen wir in der Wohnung Ostergeschenke. Es dauert eine Weile, bis Oskar die lila Aluohren eines Schmunzelhasen in Gunillas Bücherregal entdeckt und in seine Turnschuhe blickt, die Caro mit Knusperflocken ausgestopft hat, einem Knäckebrot-Schokoladen-Produkt, das erst die DDR und dann noch Oskars langwierige Suche überlebt hat. Zielsicher wie Trüffelschweine orten Caro und ich danach je ein Papp-Ei von Oskar. Darin liegen Papierschnipsel, die wir auf der Waschmaschine in die richtige Reihenfolge bringen:

PÅSK / PRESENTEN / FINNS / NERE / TILL / VÄNSTER / I / OSKARS / BOK / HYLLA / !

DAS / OSTER / GESCHENK / IST / UNTEN / LINKS / IN / OSKARS / BÜCHER / REGAL / !

Unter links versteht Oskar rechts. Dort finden wir einen *kladdkaka*, einen süßsaftigen Klebekuchen, und eine Flasche Weißwein. *Skål!*

Ein paar Tage später finde ich einen ganz anderen Zettel in meiner Jackentasche. Es ist der, auf den Lars eine Telefonnummer notiert hatte. Da ich in dieser Woche schon das gesamte eingewanderte deutsche Pflegepersonal und eine schwedische Wallander-Darstellerin interviewt habe, nehme ich mir frei und rufe Matilda Sundin an. Anschließend mache ich mich auf nach Södermalm, der größten aller Zentrumsinseln.

Unten im U-Bahn-Schacht erkenne ich zum ersten Mal, dass jede *t-bana* einen Namen trägt, einen etwas wunderlichen natürlich. Ernst-Hugo fährt mir davon, doch kurz darauf hat Sheherazade ein Einsehen, und so quetsche ich mich im abendlichen Berufsverkehr zwischen die Hauptstädter. Dieser Menschenpulk scheint die sonst eher reservierten

Stockholmer aber keineswegs daran zu hindern, sich lautstark mit dem Handy über die privatesten Erlebnisse zu unterhalten.

„Petter hat sich gestern mit mir verlobt", orte ich von hinten: „Das war super! Also wir saßen da am offenen Kamin im Haus seiner Eltern auf dem Bärenfell, voll romantisch, und da zieht er mich zu sich hin ..." Manches muss man für den Vorteil, überall besten Empfang zu haben, in Kauf nehmen.

Doch auch wer ohne Telefon unterwegs ist, scheint sein Umfeld auszublenden. Eine Frau schminkt sich ungeniert die Augen und pudert das Gesicht so dicht vor dem aller anderen, dass ich sehe, wie es ein Schwarm Staubpartikel in den Mund ihres Nachbarn schafft. Ich ziehe dezent meinen Schal nach oben, doch leider entgeht mir dadurch nicht, wie jemand weiter weg seine Fingernägel klipst. Ich hoffe zumindest, es handelt sich um die Fingernägel. Ich danke dem Königreich, als mich die *t-bana* am Medborgarplatsen ausspuckt, und suche eilig den Ausgang über *Björns trädgård*.

Das ehemalige Arbeiterquartier Södermalm hat eine völlig andere Note als mein Nobelviertel Östermalm. Zwar wohnen auch hier mittlerweile eher die Reichen, doch die Häuser an der Ecke Tjärhovsgatan/Götgatan sind nicht besonders schön und keinesfalls mit so filigranen Verzierungen oder prächtigen Eingängen wie um die Skeppargatan bestückt. Sie sind hoch und grau und tragen seltsame Muster – vermutlich Verbrechen aus den Siebzigern. Nach Söder, wie die Hiesigen sagen, muss man tiefer eindringen, um seinem Charme zu erliegen.

Dafür habe ich momentan keine Zeit. Ich laufe eine steile Treppe hinauf zur Moschee und über den Friedhof um die *Katarina kyrkan* mit viel Wiese und winzigen Grabsteinen, über die hinweg ein altes Paar Frisbee spielt; daneben picknicken junge Leute. Ich denke, ich sehe nicht recht, aber auch bei prüfendem Blick zurück ändert sich das Bild nicht.

Etwas zu spät erreiche ich den Hügel, der sich Sandbacksgatan nennt und wo ein Kindergarten für Ein- bis Fünfjährige liegt. Halt, stimmt nicht ganz. Am Eingang lese ich, dass es sich um eine Vorschule handelt, die neben der Kinderbetreuung auch pädagogische Ziele mit eigenem Lehrplan verfolgt. Reine Kindergärten gibt es folglich seit gut zehn Jahren nicht mehr. Trotz allem: Hier soll ich Nadine, fünf Jahre, brauner Pony, Krokodilpulli, abholen. Ich bin beauftragt, Deutsch mit der Kleinen zu reden, damit erstens: ihre Mama Matilda länger arbeiten kann und zweitens: Nadine im Herbst wie ihre Schwester Pollie an der Deutschen Schule in Stockholm angenommen wird.

Ich identifiziere Nadine an einer Spielkiste, und sie scheint auch zu ahnen, wer ich bin. Jedenfalls flitzt sie ins Nebenzimmer, in dem allerhand Verkleidungen an Garderobenhaken hängen, und versteckt sich hinter einem plüschenen Königsumhang. Ich knie mich davor. *„Hej*, Nadine. Schön dich kennenzulernen. Mama schickt mich, um dich nach Hause zu begleiten. Was meinst du: Wollen wir los?", frage ich durch das ramponierte Hermelin-Imitat, das mich unschön an den Ballermann-Onkel Jürgen Drews erinnert. „Du bist nicht meine Mama!" Unter dem Umhang stampft ein Gummistiefel aufs Laminat.

Nach einer längeren Diskussion ist Nadine halbwegs bereit, mit mir den Heimweg anzutreten. Reden will sie aber nicht. Weder auf Deutsch noch auf Schwedisch. Ich wünsche Lars die Pocken.

Zumindest die Gegend wird immer interessanter. Wir schlendern vorbei an jeder Menge schräger Cafés, kleiner Boutiquen, Secondhand-Geschäften und Musik-Läden aus einer anderen Zeit. Wir sind ins *SoFo* eingetaucht, das Szeneviertel Södermalms. *SoFo* ist – in Anlehnung an den Stadtteil *SoHo* in New York – ein Akronym für *South of Folkungagatan*. Im Osten ist es durch die Erstagatan begrenzt, im Süden durch den Ringvägen und im Westen durch die Götgatan, die Hauptschlagader der Insel.

Ich begebe mich gern und oft in dieses Wabern aus alternativer Kunst-, Musik- und Club-Kultur. Wie Berlin mittlerweile sein Friedrichshain hat, München Haidhausen, Dresden die Neustadt und Wien den Spittelberg, hat Stockholm sein noch viel abgedrehteres *SoFo*. Um mich herum sind Männer gekleidet wie Nena in ihren Anfangsjahren, Frauen lassen sich in Schaufenstern Tapetenmuster tätowieren, und neben einem Haufen Graffiti-Kunst finden sich charmant überklebte Straßenschilder. Am Zebrastreifen gehen da schon mal alle vier Beatles mit hinüber. *Fika* mache ich im *Blå lotus* an der Katarina Bangatan oder im *String*, einem lebendigen bunten Eckcafé an der Nytorgsgatan, wo Nadine und ich gerade schweigend abbiegen. Dort isst man den besten Beerenkuchen mit Vanillesauce der Stadt und kann bis aufs Personal und die Gäste alles kaufen, was einem unter die Augen kommt – von der durchlöcherten Couch über eine funktionstüchtige Ampel bis zur karierten Kloschüssel.

Nadine zieht mich hektisch am Jackensaum. „Eine Spindel ist mir angefallen." Sie spricht – und sie spricht sogar Deutsch. So etwas Ähnliches zumindest. „Eine Spindel? Ist dir *auf*gefallen? So was mit CDs drin, im Schaufenster?" – „Nei-hein, eine Spindel ist mir *an*gefallen." Daraus werde ich nicht schlauer. Nadine ist genervt von meiner Begriffsstutzigkeit, verdreht die Augen und marschiert weiter. Ich eile hinterher. Mir kommen die Brüder Grimm in den Sinn: „Habt ihr heute Dornröschen gespielt?" Kopfschütteln. „Oder Frau Holle? Rumpelstilzchen?" – „Hä?"

Zu Hause rekonstruiert Matilda, was passiert ist, während sie die Reste aus dem Kühlschrank in eine Pfanne wirft und es *pyttipanna*, Hoppelpoppel, nennt: „Ihr ist so ein kleines Tier mit acht Beinen über die Schulter gesprungen. Wie sagt man?"

Das ist der Tag, an dem ich lerne, dass *spindel* im Deutschen Spinne bedeutet. Bei unserem *middag*, was selbstredend das Abendessen ist, erklärt mir die schwedische Familie, dass man zu Stroh *halm* sagt, zum Halm hingegen *strå*. Ein Strohhalm ist also ein *halmstrå* – aber nur so einer, wie der in der Natur vorkommt. Der aus Plastik heißt *sugrör*, Saugrohr, wie ich bislang den Staubsauger gerufen habe. Der wiederum trägt in Wahrheit den Namen *dammsugare*, wo ich doch dachte, ein *damm* wäre ein Stausee.

„Wusstest du eigentlich, dass man bei uns die Hälfte von schwarz verdientem Geld dem König zuschickt?", fragt Matilda, als sie mich nach einem unterhaltsamen Abend zur Tür begleitet und mir ein paar Scheine zusteckt. „Was? Dem König? Meine Kronen?" Matildas ernste Miene weicht einem spöttischen Augenaufschlag: *„April, april, du dumma sill, vi kan lura dig vart du vill!"* („April, April, du dummer Hering, wirst reingelegt, wann immer wir es wünschen!")

Fy fan! Verdammt! Es ist bereits nach Mitternacht, und mein müder Geist hatte den Monatswechsel verschlafen.

april

SCHWARZE RINNSALE AUS MASKARA fließen über blei-
che Wangen und tränken den Ansatz des meist platinblon-
den Haars. Schuld an der Tristesse der Mädchen ist Bill, Sänger der deutschen Band Tokio Hotel. Zwar ist schon lange
bekannt, dass er an den Stimmbändern operiert wurde und
das Konzert in der Veranstaltungshalle *Hovet* abgesagt ist.
Doch seit Tagen kursierte das Gerücht einer Wunderheilung.
In ihrem Kummer tun mir die Mädchen leid. Caro läuft sogar auf ein hochgewachsenes Groupie in Strapsen zu, nimmt
es in den Arm und tröstet: *„Ja, ich weiß. Tolle Wurst, echt!"*
Wir waren diesem Phänomen bereits vor Wochen begegnet. Damals war die Stimmung ein Feuerwerk, eine Explosion
für Augen und Ohren. Eine neue Platte oder DVD war her-
ausgekommen, weshalb sich ein Schwarm pink-schwarzer
Mädchen auf dem Plateau mit den schwarz-weißen Drei-
ecken am Sergels torg gesammelt hatte. Ohne jedes erkenn-
bare Signal für Außenstehende verwandelte sich die Gemeinschaft unter markdurchdringendem Gebrüll in eine Herde
wild gewordener Kühe, das an uns vorbei in einen Musik-
laden galoppierte.

Caro und ich erkundigten uns, was denn mit ihnen los
sei. „Eine supertolle Band aus *Tyskland* tritt im April hier
auf", hörte ich von einem Mädchen in Pippi-Langstrumpf-
Strapsen, das jeden Einzelnen von Tokio Hotel um mindestens einen Kopf überragt hätte. „Und da schreit ihr schon
jetzt?", fragte Caro etwas unsensibel für jemanden, der in seiner Vergangenheit kein Konzert der Backstreet Boys ausgelassen hatte. Aber wohl deshalb hatte sie einen guten Draht

zu den Mädchen und erklärte ihnen, dass sie aus dem Land dieser einmaligen Künstler komme. „Bist du auch aus Magdeburg?" Eine Jugendliche, die sich nicht zwischen kariert und gestreift hatte entscheiden können, bekam große Augen. Ich allerdings auch, weil ich es nicht fassen konnte, dass ein nicht übermäßig hell aussehender Teenie seine Gehirnzellen sofort auf akzentfreies Deutsch zurechtrückte. Daran sollten Caro und ich uns mal ein Beispiel nehmen. „Nee, aus Dresden, aber das ist fast dasselbe, also ich meine, Magdeburg liegt ja bei Dresden."

Die Mädchen waren schwer beeindruckt und ließen Caro in ihrer Funktion als Quasi-Nachbarin auf sieben Tokio-Hotel-T-Shirts unterschreiben. Zum Dank stimmten sie ein deutsches „Durch den Monsun" an – ein Ohrwurm, der uns tagelang blieb.

Denkwürdig an dieser Begegnung ist vor allem, dass Deutschland bei jungen Schweden als völlig uncool gilt. Darüber sind sich sogar Elin und Oskar auf dem Nachhauseweg vom Programmkino *Zita* an der Birger Jarlsgatan einig. Die Debatte nimmt ihren Anfang an der *Kungliga Biblioteket*, der schwedischen Nationalbibliothek. Wir spazieren durch den Humlegården – früher Hopfengut, nun Stockholms größter Innenstadtpark –, als ich einige aufschlussreiche Aussagen aus der Unterhaltung herausfiltere. Deutsche sind tendenziell hässlich, höre ich da. Hässlicher als wir sind nur noch die bleichen Engländer und die langnasigen Franzosen. Hübsch hingegen sind die Amerikaner. Ich spüre, wie mir trotz Eiseskälte ein Schwall Hitze ins Gesicht steigt.

„Was soll das heißen: hässlich? Weil wir nicht wie ihr andauernd ins Solarium sprinten, zum Friseur und zum Schönheitschirurgen, oder wie?"

„Ganz ruhig", sagt Elin und bringt mich damit noch mehr in Rage. Der Durchschnittsdeutsche sei – das belegten

Studien aus Amerika und Schweden! – ein dicklicher Brillenträger. Die Frauen rasierten sich nicht unter den Achseln, meistens auch nicht an den Beinen oder sonst wo. Der deutsche Mann sei dafür berüchtigt, dass er ständig wie ein Prolet rumschreie.

Ich frage mich, ob die Forscher ihre Erhebungen am Ballermann oder auf Ibiza gemacht haben. Bislang war mir nur das konservative Bild bekannt, das der Schwede von Deutschland hat. Und das kann ich durchaus nachvollziehen. In der schwedischen Duzgesellschaft mit traditionell flachen Hierarchien mutet es seltsam an, wenn sich Kollegen, die jahrelang eng zusammenarbeiten, konsequent siezen.

Die Nordlichter schätzen die moderne Technik, die sie in vielerlei Gestalt aus Deutschland importieren, wundern sich aber darüber, dass in einem so fortschrittlichen Land die Gesellschaft in ihrem Denken einfach stehengeblieben sei. Sie finden die Deutschen altmodisch und rückschrittlich, was Kunst, Musik, Mode und Gleichberechtigung angeht. Die deutsche Debatte um das „Eva-Prinzip" und angebliche Rabenmütter, die nach der Geburt ihres Kindes in den Beruf zurückkehren, stieß hier oben auf entsetztes Kopfschütteln. Natürlich seien die Menschen zwischen Flensburg und Lindau auch zuverlässig, freundlich, fleißig, geschäftstüchtig, aber eben auch ein bisschen humorlos und langweilig.

„Ausgenommen ihr beide. Und Berlin natürlich", fügt Elin hinzu, und Oskar pflichtet ihr bei: „Berlin ist sexy, die Musikszene, der Lifestyle. Echt abgefahren! Berlin ist dynamisch. Aber Berlin ist ja auch nicht Deutschland." Ach so. Mir fehlen kurzzeitig die Worte. Das macht aber nichts, denn Caro springt ein und stellt klar, dass Berlin gleich bei Dresden ums Eck liegt. Möglicherweise strahlt noch ein wenig Hauptstadtglanz an die Elbe.

Jedenfalls trägt in Schweden kaum etwas zu einem angesagten Bild Deutschlands bei, weshalb die Bereitschaft,

Deutsch zu lernen, unter Jugendlichen seit Jahren auf ein Minimum geschrumpft ist. Nun lockt Tokio Hotel die Mädchen und ein paar Jungen in den Deutschunterricht, weil sie die Liedtexte verstehen wollen. Auch nicht gerade das, wofür man sich rühmen kann. *„Ta det lugnt!"*, sagt Elin: „Akzeptier's, wie's ist. Ihr müsst ja nicht gleich wieder einen Weltkrieg anzetteln deswegen." Der halbtrockene schwedische Humor hat auch schon bessere Tage erlebt.

Trotz allem gehe ich einen Handel mit Elin ein, damit sie nach ihrer Spätschicht als Krankenschwester ausschlafen kann. Mein Beitrag gestaltet sich so, dass ich ihren Hund abhole und zu seiner *dagis* bringe, einer der allgegenwärtigen Tagesstätten, die ein schwedisches Lebensgefühl beschreiben – die Freiheit für beide Erziehungsberechtigten, arbeiten gehen zu können, und das Vertrauen, sein Liebstes in die Hände qualifizierter Arbeitskräfte zu geben. So eine *dagis* gibt es in Schweden nicht nur für Kinder wie Nadine, sondern selbstverständlich auch für Hunde. Warum auch nicht? Unter uns leben 40 000 solcher vierbeinigen Stockholmer. Gerade mein Stadtteil ist voll von ihnen und ganztags arbeitenden Frauchen und Herrchen. Als logische Konsequenz davon spaziere ich also mit Qimmiq, einer bizarren Mischung aus einem chinesischen Windhund und einem Pudelverschnitt, zum Hundekindergarten.

Aus lauter Freude darüber verdrückt er auf unserem Weg durch die Alleen von Östermalm ein halbes Kilo Holz. In der *dagis* folge ich seinen Gummibeinen durch einen Hundezubehörladen, einen Hundefriseursalon, ein Hundespielzimmer und hinauf in den ersten Stock. Dort warten auf Sofas und Hundekissen: Rottweiler Gela, Golden Retriever Attila, der schwarze Mischling Sigge, Jack Russell Zorro, Berner-Sennen-Mix Buster sowie Schnoodle Ruff (ein Hybridhund, halb Schnauzer, halb Pudel) – und ihre Besitzer in hautenger Sportkleidung. Willkommen zum Hunde-Yoga!

Den anstrengenden Teil von diesem *doga* absolvieren aber nur wir Menschen. Die Tiere begnügen sich derweil mit der Tiefenentspannung. Ich verbiege mich zum Kranich und zur Brücke; in der Pause massiere ich Qimmiq und Buster. Ich mache das Kamel, die Kobra und den Baum; Qimmiq schaut zu. Ich bin der aufgerichtete Hund, der stolze Krieger, das Ruderboot; das Rudel schläft.

„Sie dürfen sich ruhig entspannen. Gleich laufen wir noch vier Stunden draußen herum", erklärt mir später Annika, die in der *dagis* arbeitet. „Willst du mitkommen?" Vier Stunden? Wow. Meine Kondition könnte strammes Gassigehen allerdings vertragen. Caro und ich hatten überlegt, uns im Fitnessstudio anzumelden, aber bei dieser Überlegung war es seit drei Monaten geblieben. Wer in der Stadt von Insel zu Insel wandert, sagten wir uns, legt tagsüber einiges an Strecke zurück – was auch stimmt. Irgendwie hat man das Ziel stets vor Augen, muss jedoch erst über Brücken und an riesigen Wasserflächen vorbei. Spätestens das *doga* aber macht mir klar, dass dringend etwas passieren muss, auch in Sachen guter Laune. Das gehört zu Elins Teil unseres Deals.

Caro und ich sollen uns nach dem CMYK-Modell kleiden, hatte sie noch kurz geschrieben. Leider begreift Caro als Erste, was das zu bedeuten hat, und zieht sich ganz *K* an, was für *blacK*, also Schwarz steht, denn *B* ist schon *B*lue. Mir bleibt eine Mischung aus *C*yan, *M*agenta und schrillgelbem *Y*ellow. So laufe ich wenig später wie die Mutter aller Textmarker auf dem Dach des *kulturhuset* auf, wo ich um die vierzig Doppelgänger habe und noch einmal so viele Leute dünne Sommerkleider mit Leggings tragen, altrosa Badehosen und kanariengelbe Schweißbänder – oder einfach Jeans und Chucks. Die gute Elin hat also übertrieben. Dennoch bin ich froh über ihren Rat, denn in normaler Sportbekleidung wären wir ziemlich ungut aufgefallen.

Bevor wir uns richtig umgucken können, steigen schon vier Retro-Schweden auf die Bühne, die ihrem Aussehen nach direkt dem *SoFo* entsprungen sein müssen – unter ihnen Elins Freundin Hanna, die dieses *indiegympa* leitet. Was das ist, erleben wir, als die Musik von *Pulp* und *Kings Of Convenience* durch die Lautsprecher dröhnt und wir die Gliedmaßen so schwungvoll durch die Luft wirbeln, wie es unsere Nachbarn vormachen. Wir imitieren akrobatische Clowns und Langstreckenläufer mit Schluckauf, bauen den Ententanz ein und biegen und drehen uns zu Wikingergebrüll wie Schlangenmenschen. Statt wie beim Aerobic uninspiriert die Beine zu heben und die Bauchmuskeln zu Dance-Musik zu trainieren, flippen Caro und ich in diesem Gymnastikzirkel völlig aus. Sogar die Sit-ups machen Spaß. Spaß, der wohlgemerkt nichts kostet. Stockholm zahlt.

Ich fühle mich während der Stunde, in der mir der Schweiß in die Augen rinnt wie niemals zuvor, wie in Trance. Das Lachen und Tanzen hat mir allen Frust und die Restangst vor dem Neubeginn aus den Poren getrieben und spült nun die Endorphine durch den Körper. In zwei Tagen sind wir bereits zum Gummitwist verabredet, fürs Wochenende zum gegenseitigen Abschuss mit Schaumstoffbällen im Greta-Garbo-Park und für den nächsten Sonnentag zum Frisbeegolf.

Ich bin derart gut gelaunt, dass ich Lars in dieser Nacht auf *Facebook* anschreibe. Er nutzt die Möglichkeit und erklärt, was Ende Februar in ihn gefahren war, als er fluchtartig das Land verließ. Der Chef seines Architektenbüros hatte ihn wegen eines Großauftrages nach Hamburg abberufen. Auf der Baustelle der Vorgängerfirma waren Baumängel festgestellt worden, weshalb der Auftrag nach Abriss zügig neu vergeben wurde. Glück fürs schwedische *byrå* – Pech für mich und Lars, den ich entgegen seiner Frohnatur zum ersten Mal geknickt erlebe.

„Momentan sind wir alle froh, wenn wir überhaupt etwas zu tun bekommen – in Schweden oder irgendwo in Europa", setzt er an. Ich spüre seine Müdigkeit. In spätestens vier Wochen sei er zurück in der Stadt, meint er. Mein Herz hüpft, aber anmerken lasse ich mir nichts.

Unsere Vermieterin hat Caro und mich zum Essen eingeladen. Leider hat Gunilla in ihrem Leben noch keinen Kochlöffel angefasst („Wir gehören immerhin zu den zehn bekanntesten Stockholmer Familien!"), und der Koch selbst hat die Grippe. Der erwartete Festschmaus stellt sich somit als Schüssel pürierte Blau- und Himbeeren heraus, die sogenannte Königinnenmischung. Zur Königsmischung, erfahren wir, fehlen noch die Erdbeeren, und die sind alle. Aha. Gunilla ist Ernährungspsychologin und hat tagsüber mit so vielen gefräßigen Leuten zu tun, dass sie abends von Gaumenfreuden, die kurzzeitig Magen und Seele streicheln, ohnehin nichts mehr wissen will. Sagt's und rührt sechs Teelöffel Puderzucker ins pinkfarbene Püree, das jetzt eine blassviolette Note annimmt.

Vor der halb geöffneten Zimmertür sehe ich einige Male einen nackten Mann vorbeiflitzen. Hat Guni einen heimlichen Geliebten? Ihr Mann, der Mittsiebziger Gustav, ist das jedenfalls nicht. Der hier ist jünger und schneller. Vielleicht sind seinetwegen die Möbel komplett mit Plastikhussen überzogen, was ich sonst nur aus Italien kenne. Laufen am Ende meine Vermieter herum, wie Gott sie schuf, wenn sie unter sich sind? Ich beschließe, von spontanen Besuchen Abstand zu nehmen.

Irgendwann flötet Gunilla: „Bengt, komm jetzt!" Im nächsten Moment steht ein Mann mit dem Teint von Heino vor uns, der auf dem Weg herein gottlob noch einen Bademantel gefunden hat. Bengt ist das einzige Kind von Gunilla und Gustav, ein Berufssohn, der sich seit seiner Kindheit als

Schriftsteller von Horror-Kurzgeschichten versucht, die seine Eltern im hauseigenen Buchverlag herausgeben. Er ist Anfang vierzig und der für Schweden atypische und viel belächelte *mambo*, ein *mammaboende*, also einer, der bei Mutti wohnt, weil er dort nicht erwachsen werden muss. Das meistert er mit Bravour. Am Tisch erzählt er uns ohne jeden Anlass und Anstand, die Schwestern seiner Mutter seien hysterische alte Krähen, die Brüder Dummköpfe von Elefantenstatur und der eigene Vater ein greiser Dackel. Aus Gunillas Gesichtszügen rutscht die Contenance, was Bengt dazu reizt, Gunilla noch mehr zu reizen. In dieser peinlichen Situation würde ich mich am liebsten unter den Tisch verkriechen, doch von dort starren mich schon zwei Augenpaare an, deren Zugehörigkeit ich im Dunklen nicht auszumachen vermag.

Kurz darauf erinnern sich unsere Vermieter an Caros und meine Anwesenheit – und daran, dass sie uns eigentlich Urlaubsfotos zeigen wollten. Auf dem Programm stehen Thailand, Nordirland und Maschäj, das sich als Marseille entpuppt, bei dem die Schweden r und s zu sch kombinieren. So richtig viel erfahren wir allerdings nicht über die Orte. Wir gucken auf insgesamt 16 Fotos mit Bengt, der steif wie ein Stock am Strand posiert, das Gleiche vor einer Hütte, einem Rathaus, in einem Rettungsreifen und hinter einer Statue, vor seinem Hotelbett, vor dem Frühstücksbuffet, auf einem Ausflugsboot und hinter einer Mauer, um seine Mutter zu erschrecken, die ihn dabei knipst. Das einzige Foto, auf dem Bengt nicht zu sehen ist, ist eine Aufnahme, bei der Gunilla die Linse ordentlich gegen die Sonne gehalten hat. Einen krakeligen Strich am unteren Bildrand interpretiere ich als Trennlinie, die das schwachblaue Meer zwischen sich und den Himmel gezogen hat.

Als wir Gunilla die Miete geben und gehen wollen, bittet sie uns, mit ihr und Bengt zum Abschluss die Mittsommer-Rakete abzuschießen. Auch das läuft natürlich anders ab, als man glauben könnte: Wir stellen uns im Kreis auf, klatschen auf die Handrücken, links, rechts, werden immer flotter, trampeln dazu, noch schneller, noch lauter, bis Gunilla die Arme in die Luft reißt und *hej!* schreit. Die Kronenscheine wirbeln durch die Luft. Die Rakete ist gestartet.

Am letzten Tag des Monats ist Walpurgis. Ich habe einen Termin in Uppsala, einer 100 000-Einwohner-Stadt vierzig Minuten nördlich von Stockholm, wo Studenten ihren Abschluss feiern. Das soll ein schweden- und weltweit einmaliges Ereignis sein. Ich lasse mich überraschen.

Caro hat frei und begleitet mich. Auf dem Weg zum Bahnhof begegnen wir auf dem Vallhavägen drei etwa zehnjährigen Mädchen mit Bauchläden, in die sie Anstecker und Aufkleber sortiert haben. *„Hej! Vill ni köpa några maj-blommor?* Wollt ihr Maiblumen kaufen?" – „Klar. Wofür sind die gut?" – „Wisst ihr das denn nicht?" Wir bekommen eine Morgenlektion von Grundschülern. Seit hundert Jahren sammeln gesunde für kranke Kinder Geld, indem sie Maiblumen verkaufen. Grundgedanke war es einst, Tuberkulosekranken in Göteborg zu helfen. Doch bald weitete sich das Feld der Helfer und „Geholfenen" aus. Eine typisch schwedische Idee, irrsinnig einfach, aber mit großer Wirkung.

Die Broschen aus blauem Stoff finden sich überall in der Stadt an Frühlingsjacken und Rocksäumen, an Taschen, Schuhen, Halstüchern oder im Haar. Aufkleber sieht man wie bei Pollie und Nadine auf etlichen Schulranzen. In jeder Saison haben die Blumen eine etwas andere Blaunuance, weshalb sie auch ein begehrtes Sammlerobjekt sind. In diesem Jahr strahlen sie wunderschön hell. Und just heute war mir ein Polizist aufgefallen, der sich ein Kunststräußchen an die Brusttasche geheftet hatte. Dass durch diese Blume eine Botschaft vermittelt wird, war mir aber nicht in den Sinn gekommen.

Ein wenig beschämt stecken Caro und ich unsere Maiblumen an Schal und Reißverschluss und schlendern weiter. Getreu dem schwedischen Lebensgefühl *ut i naturen*, raus in die Natur, gehen wir zu Fuß, weil es eine Schande wäre, bei dem Wetter *t-bana* zu fahren.

Passend zu den Maiblumen ist endlich der Frühling nach Schweden gekommen. Es war eine schöne Überraschung, als er vor der Tür stand. Mit einem Mal war er da – anders als in Kontinentaleuropa, wo sich der Jahreszeitenwechsel schleppend vollzieht und wo ein jeder zusehen kann, wie sich Schneeglöckchen und Krokusse, Primeln und Tulpen der Sonne entgegenarbeiten. In Schweden geht es nicht Zug um Zug, sondern Knall auf Fall. Schade eigentlich, aber sei's drum. Ich spüre richtig, wie sich meine Sinne überschlagen, als ich an diesem Morgen über vertrautes Terrain laufe.

Aus Kirschbaumzweigen ist über Nacht Leben geschossen, das aussieht wie rosafarbenes Bonbonzellophan. Stockholm knistert im Stadtwind, der in kräftigen Schüben über die Baumkronen streicht. Auf dem Karlaplan sticht nun eine meterbreite Fontäne in die Höhe und füllt ein Becken mit Wasser. Drumherum – und wenn die Eltern nicht hinsehen, auch mittendrin – spielen die Kinder. Eis und Hotdogs werden von den Buden herübergeschafft. Ältere Leute drehen ihre Runden auf dem Kiesrondell oder verweilen auf Parkbänken. Die Studenten haben Prüfungsphase und brüten im Gras über ihren Büchern, während in den sternförmig abgehenden Boulevards der Hufschlag der königlichen Gardepferde verhallt.

In Uppsala tanzt seit Stunden der Bär. Noch im Dunkeln hatten sich aktuelle, ehemalige und zukünftige Absolventen zum ausgiebigen Champagnerfrühstück am Wasser und auf den grünen Hügeln getroffen. Das ist gerade beendet, als Caro und ich die wenigen Straßen zwischen Bahnhof und Zentrum betreten. Ein Schwung von Studenten erfasst uns, die für die frühe Stunde extrem heiter gestimmt sind. Uns gefallen diese undistanzierten Schweden, die uns von allen Seiten Alkohol und Erdbeeren anbieten. Die Parade spuckt uns am *Fyrisån* wieder aus, dem Fluss, der sich – im Gegensatz zur schwankenden Gesellschaft – schnurgerade seinen Weg durch die Innenstadt bahnt. Dort soll eine Riesengaudi steigen, die sogar deutsche Medien interessiert. Wir ergattern in einem Café einen der letzten Plätze direkt am Wasser, holen uns den obligatorischen Kaffee mit *bulle* und lassen uns von der Sonne den Rücken wärmen.

Uppsala ist bekannt für den größten Sakralbau Schwedens, seine Universität sowie als Geburtsort von Ingmar Bergman und Anders Celsius. Nach Stockholm, Göteborg und Malmö zählt sie als viertgrößte Stadt im Land – bei nicht einmal 200 000 Einwohnern ist die Atmosphäre allerdings schon recht familiär. Ein jeder scheint jeden zu kennen und auch noch zu mögen. Oder liegt es am Alkoholpegel, dass sich alle zuwinken und ein Luftballonverkäufer einem Jungen seinen fliegenden Delphin schenkt?

Valborgsmässoafton wird am 30. April von Studenten und Professoren in ganz Schweden gefeiert, aber angeblich nirgendwo so ausgiebig wie hier. „Deshalb ja auch das Lied", bemerkt Caro und trällert „Ein Student aus Upp-sa-la-la-la, Upp-sa-la-la-la, Upp-sa-la-la-la", das den Namen der Stadt auf der ersten statt auf der zweiten Silbe betont, aber egal. Deutschsprachige Austauschstudenten in unserer Nähe stimmen ein, die Schweden lachen, und da kommt auch schon ein selbstgebautes Styroporfloß den *Fyrisån* herunter. Das *forsränning*, eine Art Rafting, beginnt.

Studenten versuchen, ihren schwimmenden Hotdog im Ganzen über einen Wasserfall zu bringen und gleichzeitig ihre Kollegen nebenan von den Booten zu stoßen. Auch das Publikum hilft mit: Neben uns hechten Männer ins Wasser, um sich über einen Styropor-Elch herzumachen, der beim ersten Ruckeln mit seinen drei Reitern kentert. Eine Dose *surströmming* (vergorener Ostseehering) kommt vorbei, ein Einkaufskorb der Supermarktkette *Ica*, Männer mit aufgeschnallten Plastikhintern, Familie Simpson und – mein Favorit – eine umgekippte Kuh, für die vier Frauen pinkfarbene Fahrradhelme tragen und damit in ihrem rosa Schiff ein Euter bilden. Am lautesten wird geschrien und applaudiert, wenn Boote und Besatzung im Wasserfall untergehen, kurz darauf Styroporbrocken an die Oberfläche drängen und stromabwärts gleiten.

Als hunderte Plastikenten an uns vorbeischwimmen – das Zeichen, dass kein Boot mehr kommt –, treffen wir uns mit Caros Freundin Anna, die sie in ihrer Au-pair-Zeit in der Schweiz kennengelernt hatte, und schlendern durch die Stadt. An jedem Eck verausgaben sich Singchöre und Musikkapellen; auch die Geschäfte haben geöffnet. Überall Menschen, Eis, Sonnenbrillen. Flaggen, Mikrofone, Kameras. Trompeten, Erdbeeren, Sektkorken. Auf *Slottsbacken*, dem steilen Hügel vor einem roséfarben gestrichenen Schloss, lassen wir uns an einer Baumgruppe nieder, und ich werde vor lauter Gastfreundlichkeit wieder einmal dazu genötigt, Hering zu essen, da es ohne diesen *silllunch* eben einfach kein Walpurgis wäre. Mit viel Aquavit ist die Überwindung gar nicht einmal so groß.

Kurz vor drei werden die meisten nüchtern, gerade rechtzeitig. Wir müssen rauf zur Unibibliothek Carolina Rediviva, denn gleich schwenkt der Unirektor seine Studentenmütze auf dem Balkon, Studenten winken mit ihren Mützen zurück, und mit diesem doch ziemlich unspektakulären Wedeln, dem *mösspåtagning*, begrüßen sie alle den Frühling. Anna fragt uns, ob wir nun zum Feiern mitkommen, und wir fragen uns, was wir denn bisher gemacht haben. Das Trinken beginne erst jetzt in den *nationen*, die so etwas wie Studentenverbindungen darstellen, erklärt sie. Caro und ich wägen ab, erinnern uns aber, dass für den Abend noch ein bisschen Kultur ansteht, und machen uns auf den Heimweg.

Der Alltag in Stockholm ist aufregend und bleibt dies immerzu. Das sagen wir Zugezogenen, das sagen auch die Einheimischen. Geburtstagsfeste werden überblendet von Segeltörns, Demonstrationen und Jazzfestivals. In die Ministerkonferenzen mischt sich das Knattern der Bootsmotoren, der Techno der Tanzflächen und Stimmengewirr aus den Straßencafés. Ich bin in einer nimmermüden Stadt gelandet, die mir in den Beinen steckt und den Kopf verdreht. Die Angebote, die sie mir unterbreitet, sind fantastisch, aber oft sehr anstrengend. Da ist es eine Wohltat, den Monat besinnlich ausklingen zu lassen. Wir gehen zum Maifeuer.

Es nieselt, das Pflaster ist rutschig und die Sicht trüb, als wir abends gegen halb neun die engen Gassen von Gamla stan zum Hauptplatz, dem *Stortorget*, hinaufsteigen. In der petroleumgetränkten Luft warten hunderte Menschen, die sich über ihre Fackeln gegenseitig Feuer geben. Ein Fremder sagt, wie schön es sei, uns zu sehen, und reicht uns zwei Brennstäbe. Bald sortiert sich die Menge zu einem Zug, der sich unter afrikanischem Getrommel den Weg zu *Evert Taubes terrass* bahnt, die nach dem bekannten Troubadour benannt ist. Dort am Ufer, mit grandioser Aussicht auf Kungsholmen und das beleuchtete *stadshuset*, wo ich Bo traf, ohne es zu wissen, wartet ein Vielfaches an Leuten. Sie klatschen im Rhythmus oder mischen sich für die letzten Meter in die Gruppendynamik unserer Lichterkette.

Die Fackeln werden gesammelt und brennen in aufgeschichteten Sandhaufen aus, was Spiegelreflexe in den Ostseeausläufer wirft. Goldenes Licht durchdringt scheibchenweise den Nebel, was den Himmel über Riddarholmen so fleckig macht wie einen Russischen Zupfkuchen. Ein magi-

scher Moment. Ich bin zum ersten Mal von einem Naturerlebnis derart bewegt, dass ich Gänsehaut bekomme, und
als Caro flüstert: „Maifeuer sind echt das Allertollste!", antworte ich nicht; ich schlucke. Dabei hat die Sache noch nicht
einmal begonnen.

Weiter drinnen am Platz ist ein riesiger Scheiterhaufen
aufgerichtet, und ich fürchte schon, dass das durchnässte
Holz nicht richtig brennen könnte, als einige Frauen und
Männer ihre Fackeln ins Gerüst halten und sich ein jäher
Feuerschwall über die Scheite hermacht. Bald darauf strahlt
er dermaßen viel Hitze ab, dass das Publikum geschlossen
ein paar Schritte zurückweicht. Von irgendwoher dringen
über Lautsprecher Reden zu uns herüber, in denen dargelegt
wird, was man sich als schwedischer Bürger wünscht: eine
friedliche Stadt und ein friedliches Land, um zu einer fried-
licheren Welt beitragen zu können. Dann schreien alle viermal *hurra!* und beginnen Volkslieder mitzusingen, in denen
der Mai begrüßt wird.

Später am Abend vergnügen wir uns mit Elin, Sanne
und ihren Freunden an den Getränke- und Wurstbuden und
lauschen, wie manche über das offene Mikrofon Heiratsan-
träge machen oder singen und hoffen, als Superstar entdeckt
zu werden. Das Maifeuer dampft und prustet davon unbe-
eindruckt Funken in den Himmel. Als Letztes berichtet ein
Junge von seiner Exfreundin. Dass sie nun mit seinem Bruder zusammen sei, finde er *toppen*, spitzenmäßig, was allerdings schwer zu glauben ist, da er herzzerreißend ein Lied
intoniert, das vom Refrain

I LOVE YOU,
I LOVE YOU,
I LOVE YOU-HOU

beherrscht wird.

maj

ICH BIN KEIN SCHWEDE, ich bin krank. Bin ich sonst nie. Deshalb habe ich es den Stockholmern auch bedenkenlos gleichgetan, beim ersten Sonnenstrahl Schal und Stiefel im Schrank verstaut und ohne Winterjacke ein Picknick im Kungsträdgården genossen. Im T-Shirt habe ich mich im Dachterrassencafé auf Vaxholm in den Schären gesonnt und Arme und Gesicht in den ersten Frühlingsregen gestreckt. Nun liege ich flach.

Mein Kopf fühlt sich an, als hätte ein Tanzbär darauf gesteppt. Der Hals ist wund, die Stirn heiß, die Nase zu. Draußen trinkt das schwedische Volk auf den König und sich selbst. *Heja Sverige!* Wie man es eben macht am Ersten Mai. Es wird demonstriert, Gewerkschaften organisieren energische Reden und mäßige Popkonzerte. Noch nie hat mich das Dabeisein so gereizt wie jetzt. Ich liege vor lauter Monotonie dermaßen ungehalten im Bett, dass sich Oskar nach dem letzten Wutausbruch kaum zum Frühstück in die Küche traut. Caro ist abgehärteter, hört geduldig zu, bringt noch vor der Arbeit heiße Zitrone und zwei schwedische Kinderbücher vom Flohmarkt am Karlaplan, die ich so schnell auslese, dass ich vor Langeweile ernsthaft in Erwägung ziehe, Lisa Persson anzurufen. Ihr Name steht in unsicherer Bleistiftschrift mit Telefonnummer auf Seite drei.

Ding-dong. Die Türklingel kommt uns dazwischen. Ich springe so euphorisch auf, dass mein Kopf für einen Moment Achterbahn fährt. Dasselbe tut mein Magen, nachdem ich dem Besuch geöffnet habe. Es ist Lars – ausgerechnet! Er sieht ziemlich bedröppelt aus, wie er da mit einer herrlich pinkfarbenen Gusmania im scheußlich gelben Hausflur steht. Aber ich will nicht wissen, was für ein Bild ich abgebe. Er begrüßt und bemitleidet mich, glaube ich. Ich höre ihn nur sehr gedämpft. Beim nächsten Hustenanfall winke ich ihn herein. Er bekommt Bier, und ich gieße mir schnell Fencheltee nach, bevor ich die Gelegenheit nutze, so viel zu erzählen, wie ich möchte. Und weil es Lars ist, beginnt mein ausführlicher Bericht bei Mitte Februar, König Carl Gustaf und Bürgermeister Bo.

Eine Woche später ist die Welt wieder in Ordnung. Caro und ich treffen uns mit Gunilla und Bengt an Gleis sieben. Über Pfingsten haben uns Mutter und Sohn in ein Häuschen auf dem Land eingeladen. Die Regel ist die: Jeder fünfte Schwede besitzt eine solche *stuga* – und unsere Gunilla genehmigt sich mal schnell fünf Sommerhütten. Zur auserwählten fahren wir in die angeblich schönste und schwedischste Gegend Schwedens, die gut vier Stunden nördlich von Stockholm beginnt. Dalarna heißt die Provinz mit ihren breiten Tälern und bewaldeten Höhen. Die Landschaft rund um den Siljansee ist bekannt für ihre Holzindustrie, die Zurschaustellung schwedischer Bräuche und Trachten sowie die Faluner Kupfererzmine. Ein Nebenprodukt des Kupferabbaus ist jene rotbraune, holzkonservierende Farbe, in der die allermeisten Holzhäuser gestrichen sind. Das rattert Caro aus ihrem Reiseführer herunter, bevor es unser Zug schafft, aus T-Centralen herauszukommen.

Gunilla zieht derweil einen Stapel Papier aus ihrem Reisesack; es handelt sich um Bengts neueste Horror-Kurzgeschichte. Die überreicht sie an Caro und mich, an die sechs Zugbediensteten und schließlich an alle Wochenendausflügler im Großraumabteil, wobei sie immer etwas vom baldigen Durchbruch murmelt und dabei demonstrativ auf unsere Sitzgruppe deutet. Derartige Aktionen meiner Vermieter hatte ich einkalkuliert und mir eine sehr große Tageszeitung besorgt. Jetzt ist der Moment, sie aufzufalten.

Was ich lese, ist abgespaced. Die Schweden wollen eins ihrer falunroten Holzhäuser auf den Mond schießen. Der Multikünstler Mikael Genberg geht fest davon aus, dass es um das Jahr 2012 so weit sein wird. Mit der Raumfahrtbehörde, Ministern, Industriebossen und Schwedens erstem Astronauten Christer Fuglesang will er den „allgemeinen Mangel an Verrücktheit" beseitigen. Vielleicht sollte er erst mal mit Gunilla und Bengt in den Urlaub fahren. Mangel an Verrücktheit! Mit dem Argument würde er es in Deutschland zu Raab oder Beckmann schaffen, aber sicher nicht zum Ziel. Doch die experimentierfreudigen, visionären Schweden sind ganz versessen auf Genbergs durchgestylten Plan zum zehn Quadratmeter großen Nationalsymbol, das bereits aus ultraleichtem Material zusammengestöpselt wurde. All-tauglich sozusagen.

Genberg liebt die Kombination von Schwedenhütte und alternativem Wohnmilieu. Probehalber platzierte er die Mondhütte für einige Monate schräg auf dem Stockholmer Globen. In dreizehn Metern Höhe des Vasaparken von Västerås und inmitten der Baumkronen findet sich zudem sein Hotell Hackspett (Specht), für das kein einziger Nagel in die Rinde geschlagen werden musste. Auf dem Mälaren-See können sich Gäste des Hotell Utter Inn (Fischotter) auf einer Art schwimmenden Dachterrasse mitternachtssonnen, bevor es drei Meter unter der Wasseroberfläche zwischen Panoramafenstern in die Heia geht. Im Café Koala an Schwedens Ostküste und in Rio de Janeiro genießt man die *fika* gerne auf fünf Meter hohen Stühlen. Und für manch einen mag Genbergs Toilettenhäuschen ein Genuss sein, in dem er das Treiben draußen verfolgen kann, während die Sicht nach drinnen gottlob verspiegelt ist.

Wie auf Kommando fliegen nun vor dem Zugfenster die ersten Schwedenhäuser vorbei, hinterher kommen Schafe auf saftigen Wiesen, Seen, die mal Tümpeln gleichen und mal bis hinter den Horizont reichen, unvergleichlich bauchige Wolken, die vom hellen Himmel hängen wie überreife Früchte. Heile Welt. Dieses idealisierte Bild, das der Deutsche gemeinhin mit Schweden verbindet, nennen die Schweden *bullerbysyndromet*, das Bullerbü-Syndrom. Das Goethe-Institut hat den Begriff in Anlehnung an Astrid Lindgrens Geschichten geprägt. Irgendwie scheint die ähnliche Kultur dem Traum von einem besseren Deutschland zu entsprechen – oder, wie Anders es einmal beschrieb: Schweden ist Deutschland minus die Weltkriege und ihre Folgen.

Als wir in Smedjebacken ankommen, beginnt es zu dämmern. Nach zehn Uhr abends sollte das erlaubt sein. Vorbei sind die langen dunklen Wintermonate. Und mit dem Minimum von sechs Lichtstunden in Stockholm waren wir noch richtig gut bedient, sagt Gunillas Bekannte, die uns mit dem Auto vom Bahnhof abholt. „Bei uns war es deutlich kälter bei vielleicht vier Stunden, die wir das Gefühl von Tag hatten. Aber weil wir nördlicher liegen, wird es momentan mitten in der Nacht schon wieder hell. Völlig normal. Ihr werdet es lieben."

Natürlich ist auch Gunillas Ferienhaus rot. Wir steigen aus und sehen uns auf dem Gelände um. Alle Fensterläden sind weiß lackiert, eine Veranda ist überdacht, aber zu allen Seiten hin offen, eine andere für schlechte Tage komplett verglast. Die *sommarstuga* steht in der Mitte eines großen Anwesens. Rundherum reihen sich kleinere, optisch ähnliche Bauten; in manchen befinden sich Betten, in anderen Duschen, Gartengeräte, Fahrräder und Spielzeug sowie ein Plumpsklo, dessen Dämpfe sich in einem Umkreis von zwanzig Metern stauen. Wer hier nicht scheitern will, muss planen: die Luft schon in der Ferne anhalten, sich nicht von den Fliegen irritieren lassen und nicht über die Stufen hinaufstolpern, sonst riskiert man eine Landung im Korb mit dem benutzten Toilettenpapier. Das wiederum darf keinesfalls in die Schüssel. Das Allerwichtigste ist, nicht versehentlich in diese Schüssel zu blicken, wo ein Rührgerät die natürlichen Abfallprodukte des Menschen gut sichtbar zu einer Konsistenz vermengt. Muss man nicht weiter vertiefen.

Caro und ich bekommen ein eigenes Schwedenhäuschen, so groß wie die Mond-*stuga* und eingerichtet wie eine Puppenstube. In den Regalen finden wir neben den Psychologiebüchern von Gunilla und den Horrorgeschichten von Bengt mehrere Kriminalbände von Gunillas Mann Gustav aus den Sechzigerjahren. Ich fliege über die ersten Seiten, wo es gleich blutrünstig zur Sache geht; so liebt der Schwede seinen Krimi. Doch ich fantasiere mir hier, mitten in der Natur mit unbekannten Geräuschen und ohne Straßenlaternen, zu schnell etwas zusammen. Dabei ist vor dem Fenster nur die Dunkelheit. Problemlos kann ich *Karlavagnen*, den Großen Bären, und die Nördliche Krone erkennen, an einem Himmel, der näher und klarer wirkt als an jedem anderen Ort. Mit seinen Sternen sieht er aus wie eine Schatulle, in der massenhaft Schmucksteine funkeln. Schön kitschig. Von der Schriftstellerfamilie ist nichts mehr zu sehen, der Mond hingegen pappt prall am Firmament – und so stellen wir uns vor, wir selbst befänden uns in Genbergs *Uwo*, wie wir sein ungewöhnliches Wohnobjekt taufen. Darüber, es gedanklich auszustaffieren, fallen wir in einen dermaßen tiefen Schlaf, dass man glauben könnte, übernatürliche Kräfte seien am Werk gewesen.

Es dürfte schon gegen neun Uhr morgens an die dreißig Grad haben. Die heiße Luft drückt gewaltig auf uns hernieder, als wir aus unserer Hütte klettern. Wir beschließen, unten am See zu frühstücken, wo die Chancen auf ein paar

Windstöße gut stehen. Gunilla ist wach, döst aber in der Hängematte auf der Veranda und nimmt keine Notiz von uns, als wir über den Kies schlurfen und vor dem Grundstück auf einen Waldweg abbiegen, der von Birken und Pferdekoppeln gesäumt ist.

Die Nacht war wunderbar. Gegen drei war es bereits hell, weshalb wir uns mit einem Kaffee ins Gras gelegt und dabei zugesehen hatten, wie sich die ersten Blütenköpfe öffneten. Jetzt reflektiert das Wasser die schimmernden Sonnenstrahlen auf unsere Körper und überzieht sie mit Blattgold. Über den See blicken wir einige Kilometer in die Ferne, wo vier Kanuten paddeln. Sonst tut sich nichts. Wir schieben unser Obst und die geschmierten Brote zu Häufchen auf dem Steg zusammen, und es scheint geradewegs so, als konzipiere der Tag um uns herum die Atmosphäre eines leicht vergilbten Spielfilms aus den Siebzigern. Das warme Licht der Frühsommersonne verlangsamt den Puls und leitet ein Gefühl völliger Entspannung ein. Ich fühle mich wie im Freiluft-Sanatorium. Schließe die Augen, lausche den Vogelrufen aus den Baumwipfeln und spüre die behagliche Hitze, die über meine Haut kriecht – bis Caro sie mit einem Schwung kalten Wassers verscheucht. Sie hat einen Satz in den See gemacht, und ich bin ad hoc zu einer Schwimmrunde überredet.

Von weit draußen erkennen wir, wie Gunilla vom Haus herübergewandert ist, ans Ufer tritt und zaghaft ihre Füße ins Wasser hält. Wir winken, aber sie sieht uns nicht. Bis wir das Ufer erreichen, ist sie verschwunden. Dafür knackt es im Gebüsch, und kurz darauf läuft Bengt in seinem universalen Tages- und Schlafanzug und *träskorna*, den schwedischen Clogs, über den Holzsteg. Klack-klack-tock-tock. Das Getrampel reißt uns jäh aus der Stille. Zwei Eichhörnchen hüpfen in Panik hinter einen Steinhaufen.

Warum auch er nicht baden geht oder wenigstens den Weg nimmt, statt sich an moosigen Baumrinden vorbeizudrücken und durch Ameisenhaufen zu marschieren, kapiere ich nicht. Aber ich verkneife mir die Frage, als wir uns zu ihm setzen und ihn zum Frühstück einladen. Er sieht betrübt aus, wirft Kiesel, Gestrüppspitzen und ein paar unserer Weintrauben ins Wasser, bevor er mit der Sprache rausrückt. „Ihr seid sehr nett. Das sagt sogar Mama." – „Danke, danke. Ihr genauso." Caro will ihm auf die Sprünge helfen. „Ja, stimmt. Und deswegen habe ich mir überlegt, ich frage mal. Ein Freund, mit dem ich früher oft an diesem See war, hat jetzt eine Frau, drei Kinder und einen Hund." Ich erkundige mich, welchen Hund genau, aber Caro gibt mir zu verstehen, dass das jetzt nicht die elementare Frage ist. „Das ist gut, Bengt", sagt sie: „Was wolltest du denn wissen?" – „Vielleicht würde mich eine von euch heiraten?"

Ich pruste einen Apfelspalt ins Schilf. Caro schaut verstört drein. Bengt auch. Das Hundethema wäre wohl doch unverfänglicher gewesen. „Ich würde euch beide nehmen", erklärt Bengt generös. „Vielleicht entscheidet ihr. Aber Streit deswegen wäre nicht gut."

Ich fasse es nicht; er meint es ernst. Caro erwähnt, sie habe einen Marcel zu Hause. Ich sage, ich hätte keine Lust ihn zu heiraten, meine es aber nicht böse, das müsse er wissen. Lars erwähne ich nicht. Für unser zartes Pflänzchen ist diese Situation mit dem *mambo* in Holzclogs zu kurios. Bengt starrt weiter auf die Stegplatten. „Ist schon okay. Wie es im Moment ist, gefällt es mir ja. Aber Mama hat gemeint, ich könnte es mal probieren."

Als wir beim Abendessen versprechen, bald mit ihm zum Fußball zu gehen, wirkt er mindestens so zufrieden wie mit einer Ehe. Gunillas Ziehtochter Ida und Freund Jussi kochen für uns den Klassiker: Lachs in Dillsoße. Alle laden sich die Teller ordentlich voll und beginnen sofort mit dem Essen. Zu warten, bis jeder sitzt und Besteck in der Hand hält, dauert den Schweden zu lange. Hunger kennt kein *Ta-det-*

lugnt. Während wir noch über die Regeln des Krocket diskutieren, das wir nach dem Dessert – einer *schwarzwälder,* die
statt Kirschen nur sprödes Zeug unter der Sahnemasse ver-
birgt, das mich an Bauschaum erinnert – in Angriff nehmen
wollen, hat Gunilla, die Ernährungspsychologin, bereits alles
restlos verdrückt.

Am letzten Tag in Dalarna umfängt uns die Hitze stärker als
je zuvor. Das Sonnenlicht dringt durch die Fenster und fällt
schräg auf die Ledersessel, in denen wir kleben. Eigentlich
hatte ich mich auf eine gemütliche *fika* mit Caro und meinen
Büchern auf der Veranda gefreut. Doch daraus wird nichts.
Wir sind eingeplant. Am *öppen spis,* dem offenen Kamin, in
dem Holzscheite lodern, singen wir mit Schweißperlen auf
der Stirn und Sonnenbrand am Rücken deutsche Weihnachts-
lieder. Gunilla findet daran nichts komisch. Deutsch mag sie,
seit sie es wie viele ihrer Generation in der Schule gelernt
hat, und Weihnachten sowieso.

„Außerdem muss der Mensch singen", bestimmt sie und
legt los: „*Oj* Tanne-baum, *oj* Tanne-baum, wie süß sind dein
Ta-blet-ter ..." Schweden, die Deutsch sprechen, hören sich tatsächlich an wie der Mann in der *Ikea*-Werbung. Oder wie ein
Schweizer auf einer eiernden Vinylplatte. Auch bei Lars hol-
pern die Konsonanten dann neben zu offenen und langen
Vokalen, dass es eine wahre Freude ist. Gunilla pflegt zu alledem noch einen äußerst kreativen Umgang mit ausländischen Liedtexten.

„... du grönst nisch nur su Sommer-seit, *nej* auch in Winter, Win-ter-kleid ..." Sie macht derart auffordernde Gesten in
unsere Richtung, dass Caro und ich nicht umhinkommen,
zur zweiten Strophe einzusteigen. Gunilla ist selig.

Bengt will mitmachen und sein Wissen über die deutsche Sprache und deutsches Kulturgut präsentieren. Ich bin
verblüfft. Normalerweise beschränkt sich der aktive Deutsch-

Wortschatz der Schweden auf „vor, zu, hinter, gegenüber, auf, neben, bei ..." – die Präpositionen, die ihnen im Schulunterricht eingebläut worden sind und die sie uns zur Strafe beim Kennenlernen jedes Mal vorbeten.

Doch Bengt kann mehr: „Häns-sche klein, geht he-rein, in det große Welt-ve-rein ..." Einem Fußballanhänger kann das schon mal passieren. Es folgen „Süßer die Glocksebaum klin-gel ...", „FC Bay-en, Stein des Südens ...", „... wir steigern das Brub-bo-kra-wul-produkt" sowie „Morjen, Kinder, wird es wo-ho ge-hen ...".

Tags darauf geht es tatsächlich. Nach Stockholm nämlich, und es fühlt sich fürs Erste fremd an, sich in einen vernünftigen Alltag einzufinden. Allerdings muss ich sogleich im Sprachkurs einen Vortrag über eine schwedische Persönlichkeit halten und psychologisch erklären, warum sie populär ist. Ich spreche über Vickan, wie die Schweden Kronprinzessin Victoria nennen, ihren Umgang mit der Lese-Rechtschreib-Schwäche, Anorexie und Gesichtsblindheit. Über Charme und Souveränität im Umgang mit anderen, ihr burschikoses Lachen, den engen Kontakt zum Volk, ein skandalfreies Leben, eine kompromisslose Liebe und ihre Leidenschaft, Pilze zu sammeln. Meine Wahl für die Präsentation fiel aus Sympathie, mehr aber noch aus Pragmatismus auf die Thronfolgerin, denn kurz darauf sitze ich zwei Meter neben ihr und studiere fasziniert ihr Kinn im Profil.

Und das kommt so: Für eine Literaturbeilage schreibe ich über ALMA, den Astrid Lindgren Memorial Award, genauer gesagt den höchstdotierten Kinder- und Jugendliteraturpreis der Welt, der von der Prinzessin im Freilichtmuseum überreicht wird. Ich gebe Caro als meine Fotografin aus, und schon sitzen wir auf den besten Plätzen und mummeln uns in die Vliesdecken, die überall bereitliegen. Bei dem Wind, den das Meer durch die Stadt schickt, und ohne direkte Sonne wäre es sonst unmöglich, die freie Zeit abends draußen zu verbringen. Aber das muss natürlich sein, schließlich sind wir in und unter Schweden.

SVT1, der Sender, der die Preisverleihung live überträgt, hat die Bühne mit mächtigen Blumengebinden zu einer Kulisse dekoriert, die selbst einer hoheitlichen Hochzeit würdig wäre. Dennoch bleibe ich skeptisch, ob sich Victoria dazu hinreißen lässt, die Trennung von ihrem Daniel bekannt zu geben und in Las-Vegas-Manier mit einem der anwesenden Rocker von *Mando Diao* durchzubrennen. Beim Auftritt der ersten einstimmenden Musikgruppen jedenfalls fahren Filmkameras vor Caro und mir auf und ab und zoomen manchmal auf unsere betont literaturbegeisterten Mienen. Dann plötzlich stehen alle auf und blicken auf sie: die elegante Dame in Seidenbluse und Flanellhose, die ihre Haare locker zu einem Pferdeschwanz gebunden hat.

Was ich im Sprachkurs über sie berichtet habe, bestätigt sich mit einem Schlag. Ihr Lachen ist tief, derb, gar nicht prinzessinnenhaft und extrem ansteckend. Ebenso unkompliziert und sympathisch gibt sie sich im Umgang mit ihren Untertanen, sie winkt, stützt die auf der Treppe strauchelnde Kulturministerin und wartet später geduldig, bis das Fotografen-Rudel vor der Bühne ihr Bild hat. Dann setzt sie sich schräg vor uns in die erste Reihe.

Neu für mich sind ihre Vorbehalte gegenüber der etwas überdrehten Pippi Langstrumpf und die Liebe zu Katthults Michel, die sie in ihrer Laudatio gesteht. Als die australische Preisträgerin versucht Schwedisch zu sprechen, was ziemlich in die Hose geht, haut sie sich vor Belustigung auf die Schenkel. Zum Ausklang stimmen dann alle ein Potpourri aus Lindgren-Liedern an. Aus einer gewissen Richtung trägt der Wind immens schiefe Töne zu mir herüber, und ich frage mich, welche Vorbehalte ich gegenüber der Monarchie noch mal hatte.

Daheim hat Oskar unseren Auftritt im Fernsehen registriert, unsere Geschichten will er aber nicht hören. Seine Gedanken gelten dem letzten Maitag und der Herausforderung seines Lebens. Selbst ihn hat der schwedische Bewegungsfanatismus erfasst: Er hat sich vorgenommen, den Stockholm-Marathon zu laufen, doch langsam bekommt er vor seinem eigenen Mut Panik. In den vergangenen Wochen hat er einen unvermuteten Tatendrang entwickelt, war im Fitnessstudio, hat die Strecke erkundet, sich einen Trainingsarzt zugelegt, auf Eis und Bier verzichtet. Leider hat seinen irritierten Körper nun, so kurz vorm Ziel, eine Erkältung heimgesucht. Caro und ich mussten viel Überzeugungsarbeit leisten, damit er überhaupt an den Start geht, doch seine Motivation ist weiter auf null.

Als es Zeit ist, ins Bett zu gehen, dringt der Geruch von beißendem Menthol und faulen Eiern in unsere Zimmer. Aus der Küche kommt das nicht. Wir vermuten den Verursacher unten auf der Straße und gehen hinaus auf den Balkon. Hier ist der Gestank fast unerträglich – und der Schuldige ausgemacht. „Tolle Wurst! Was soll das, Oskar, bist du verrückt?" Unser Mitbewohner sitzt splitterfasernackt am offenen Fenster, den Laptop auf dem Schoß, das linke Bein in einer trübgrünen Brühe, die die gemeinen Dämpfe aussendet.

„Gunilla hat gemeint, ich solle das um Mitternacht machen. Bei ihrem Sohn hilft das immer. Ich will Samstag fit sein." – „Sollst du das nicht besser inhalieren und dich ins Warme setzen, *dumbum?*" Der Junge bibbert, da rutsche ich kurzzeitig in die Mama-Rolle.

„Nein, ich soll die Füße abwechselnd eintauchen und Frischluft schnappen." – „Und dabei den Vollmond betrachten und ein Horoskop erstellen?" Caro ist fassungslos.

Oskar dreht die Jalousien zu und spricht kein Wort mehr mit uns. In der Nacht höre ich ihn jämmerlich husten und schiebe den Rest meiner grünen Lutschpastillen durch einen Türspalt.

Dann ist er da, der Tag aller Tage. Ich spaziere mit Lars die wenigen Meter von der Wohnung hinüber zum Valhallavägen, der seit dem Morgen voll ist mit Picknickern, Schachspielern, Kontrolleuren in neongelben Leibchen und Fischbuden, vor denen sich Schlangen bilden. An den Trinkstationen werden Unmengen an Pappbechern gefüllt, Pferde tragen Polizisten vorbei. Statt der erwarteten 18 ist es mit 25 Grad wieder sommerlich warm geworden, was die wenigsten der 15 000 Läufer aus gut sechzig Nationen freuen dürfte. Wir halten Ausschau nach Caro, die im Zentrum unterwegs war, doch da schallt vom Lidingövägen schon der Startschuss herüber.

Hinter den Wagen mit der Zeitmessung sprinten die besten Europäer und die Vorhut der Kenianer; ihnen folgen, so gut sie können, die nach bisherigen Laufergebnissen eingeteilten Männer und Frauen. Oskar kommt erst in Gruppe F mit Startnummer 10118, das weiß ich. Ich mache also zunächst einmal Fotos von den dynamischsten Sportlern und jenen, die im weißen Tütü unterwegs sind, einen Lorbeerkranz tragen oder auf Armen und Schenkeln mitteilen:

GUNNAR, DU WIRST PAPA!

Ich knie gerade auf dem Gehsteig und knipse durchtrainierte Waden, als ich wen brüllen höre: „Hej, hej, Vero! Hej! Vero! Hej!" Lars ist das nicht. Ich springe auf, entdecke von Oskar aber nur mehr in der Luft zappelnde Arme, die von der Herde mitgerissen werden.

Er hatte am Kühlschrank einen Zettel mit der Bitte hinterlassen, Caro oder ich möchten ihn „in Aktion" fotografieren. Ich überlege, wo ich diesen Wunsch auf den restlichen vierzig Kilometern am besten erfüllen kann, die in zwei unterschiedlichen Runden durch die Stadt führen. Wegen des großen Andrangs wurde die Marathonstrecke geändert, um einem Stau an der engsten Passage am Sankt Eriksplan zu entgehen. Ich beschließe, mein Glück in vier Stunden an der Västerbron-Brücke zu versuchen. Wenn Oskar bis dahin die Puste ausgeht, habe ich wenigstens einen grandiosen Ausblick auf die Stadt.

Der Stockholm-Lauf ist mehrfach als schönster und landschaftlich reizvollster Marathon der Welt ausgezeichnet worden. Die Strecke verläuft abwechslungsreich durch den Park Ladugårdsgärdet, um den Fernsehturm Kaknästornet herum, hinunter zum Strandvägen, wo die Reichsten der Reichen hinter den kunstvollen Fassaden der Jahrhundertwende residieren und das erste Mal Großstadtgefühl aufkommt. Weiter geht's vom Theater Dramaten zum Veranstaltungsplatz Kungsträdgården direkt im Zentrum, über Schloss und Altstadt hinüber zum Södermälarstrand und immer dem Wasser und den Hausbooten entlang zur Västerbron, bevor sich die Teilnehmer am gegenüberliegenden Ufer auf den Rückweg zum Olympiastadion machen. In Runde zwei wird Gärdet nur quer durchlaufen, um hinterrücks auf die Insel mit den endlosen Wäldern Djurgårdens zu gelangen. Aber ich bin mir nicht sicher, ob Oskar heute Augen dafür hat.

Ich knipse ihn tatsächlich auf der Västerbron. Von „in Aktion" kann da allerdings keine Rede mehr sein kann. Eine Stunde lässt er mich warten, bevor er mit einer Banane in der Hand so gemächlich über den Asphalt marschiert, als wäre das Rennen längst gelaufen. „Sag mal, du bist doch nicht zum Lustwandeln hier!", rufe ich vorwurfsvoll. Eigentlich hatte ich mir vorgestellt, ihn für das letzte Stück kräftig anfeuern zu können. „*Ta det lugnt!* Ich habe gerechnet. Wenn ich ab jetzt langsam gehe, schaffe ich's rechtzeitig ins Ziel."

Oskar hatte alle Kontrollpunkte zu den gesetzten Fristen passiert und sich zur Belohnung an einer Energiestation eine

Pause mit Gemüsebrühe, Traubenzucker, Cola und Salzgurken gegönnt. Mir hält er als Geschenk einen Müsliriegel unter die Nase und streckt für das gewünschte Foto sekundenlang ein Bein in die Höhe, um Aktion vorzutäuschen. Dann spaziert er weiter, sichtlich zufrieden mit sich und schon ein wenig hochmütig. „So. Ich habe jetzt keine Zeit mehr zum Plaudern. Ich werde erwartet."

Am Abend erwarten auch wir ihn, zu Hause. Ich habe im Schnellverfahren sein Foto entwickeln lassen, um das wir jetzt den Spruch „Wir sind stolz wie Oskar" sowie die Zahlen 10281 und 5:32.09 dekorieren, seine endgültige Platzierung und Laufzeit. Dabei werden wir ein wenig sentimental, denn unter die Ehrfurcht vor Oskars Durchhaltevermögen mischen sich Abschiedsgefühle. Am folgenden Morgen wird unser Mitbewohner seine Sachen packen und in eine eigene Wohnung ziehen. Trotz seiner ausgewiesenen WG-Untauglichkeit, des ewig vollen Mülls, der dreckigen Wanne und des Aussitzens von bis zu neun Tagen ohne Toilettenpapier ist es irgendwie bedrückend, dass er geht.

Selbst nach einer ausgiebigen Dusche ist Oskar noch vom Rennen benommen. Er muss sich an der Stuhllehne festhalten, als wir ihm das Bild schenken, und dann an uns, als wir ihn zum Abschied drücken. Er bedankt sich wirr und lädt uns ein, ihn zur *fika* in seiner großen Lüsternheit (*lystenhet*) zu besuchen. Wir hoffen, er meint seine Wohnung (*lägenhet*). Wir kommen nicht dazu nachzufragen, denn Oskar verkündet erneut:

„So. Ich habe jetzt keine Zeit mehr zum Plaudern. Ich werde erwartet."

Dieses Mal meint er sein Bett.

juni

FLIEDER IST DAS GASSENPARFUM der Sommersaison. Die duftenden Büsche in leichtem Lila stehen Spalier, als ich mich morgens gegen sieben zu den *dagis*-Hunden aufmache. Wieder einmal hat sich auf die Schnelle irrsinnig viel getan in der Natur. Das Blätterwerk der Bäume in der Skeppargatan ist über das Wochenende zu einem derart dichten Geflecht gewuchert, dass ich die Gardepferde vom Balkon aus nur mehr am metallenen Klappern der Hufe auf dem Kopfsteinpflaster ausmachen kann. Den Rest muss ich mir dazudenken. Aber das intensive, ungewohnt helle Grün der Baumkronen bei einem Frühstück unter freiem Himmel entschädigt für alles.

Im *dagis*-Zimmer döst Qimmiq auf dem Rücken und wedelt wie seine Zimmergenossen freudig mit dem Schwanz, als er mich entdeckt. Doch keiner der Hunde bewegt sich auch nur einen Millimeter vom Platz. Erst als ich ihre Namen in die Runde rufe, kommen sie, um mich zu begrüßen. So eine wohlerzogene Bande habe ich noch nie erlebt. Der Hund, den ich in Deutschland zurücklassen musste, ist ein gutmütiges Unikum – von solch kontrollierter Freude hält er aber überhaupt nichts.

„*Träning, träning, träning*", erklärt Annika, die mich wieder zuerst entdeckt hat. Sie geht davon aus, dass ich fragen wollte, wie solche Disziplin möglich ist. Und davon, dass ich Ahnung von Hunden habe. Jedenfalls reicht sie mir ein Ensemble aus Lederleinen, das ich mir um die Hüfte schlinge. Leider bin ich nicht so trainiert, verwechsle die sieben auf mich zustürzenden Hunde und verursache ein Riesenchaos aus Leinen und dreißig Beinen. Irgendwann aber laufe ich mit fünf Dogwalkern nach New Yorker Vorbild und fünfzig gut sortierten Hunden die Oxenstiernsgatan hinunter – zur Linken etwas von der Größe eines Shetlandponys, zur Rechten einen Dackel, bei dem ich nicht sicher bin, ob sich unter seinem gedrungenen Wuchs überhaupt Beine finden –, bis wir zur ersten Pinkelpause auf die Grünfläche gegenüber *Sveriges Radio* einbiegen. Von den Bäumen greife ich mir die tollsten Kirschen und spucke Qimmiq die Kerne zu.

Über den Nobelpark und die Uferpromenade gelangen wir auf Djurgårdsbron, die Brücke, die auf die riesige grüne Freizeitinsel der Stockholmer hinüberführt. Das gusseiserne Geländer erinnert mich an Seegras; von vier Granitpfeilern aus begutachten die nordischen Gottheiten Thor, Heimdall, Frigg und Freya das Treiben auf der Brücke: all die Hobbyfotografen, Radfahrer und die roten Stadtbusse, die Tretboot- und Kanufahrer, Eisesser, Kaffeetrinker, Skateboarder und zwischendrin die hektisch bimmelnde Straßenbahn, die vorerst letzte, die Stockholms Innenstadt nach dem Ausbau des Bus- und *t-bana*-Netzes geblieben ist. Holzverkleidungen und ein Fahrkartenkontrolleur verleihen ihr musealen Charakter, sodass Passagiere zu gern alte Plaketten studieren und darüber vergessen, die Schönheit der Strecke zwischen Nybroplan im Zentrum und dem westlichen Teil Djurgårdens wahrzunehmen.

Die Insel Djurgården, der sogenannte Tiergarten, diente früher König Karl XI. als Jagdrevier. Wo um 1700 noch die Tiger tollten, entwickelte sich im 19. Jahrhundert ein Erholungsgebiet für geschundene Großstadtseelen, ein Auslaufparadies für Hundepfoten und gleichsam ein kultureller Treffpunkt für Kunstfreunde. Wir lassen am Anfang der Insel die Museen Junibacken (das Astrid-Lindgren-Museum), Nordiska museet (das Nordische Museum) und die Vasa (ein um ein Schiff herum gebautes Museum) rechts liegen, biegen scharf nach links ab und folgen der bepflanzten Uferlinie. In dieser poppig bunten Blumenoase mit brütenden Schwänen und klopfenden Spechten kommt mir das Großstadtgefühl mitten in der Großstadt völlig abhanden.

„*Oj, oj, oj!* Diese kanadischen Graugänse sind eine echte Plage", beklagt sich Annika; die anderen stimmen beherzt ein. Ich sehe, worüber sie sich echauffieren: Das Gras ist stellenweise vor lauter Gänsekacke nicht mehr zu sehen. Die Hinterlassenschaften unserer Hunde sammeln wir oberpenibel mit Plastiktüten ein. Doch die Graugänse nehmen sich daran kein gutes Beispiel. Sie vermehren und vermehren sich und stehen so dicht gedrängt in Hunderterhaufen auf den Wiesen beieinander, dass es jeden Züchter wegen Tierquälerei die Lizenz kosten würde.

Wir wandern weiter am Wasser entlang, blicken hinüber zu den Seglern auf Djurgårdsbrunnsviken, der Tiergartenbrunnenbucht. Von dem Wort *vik*, der Bucht, soll übrigens die Bezeichnung Wikinger kommen, wie uns Sverker erklärt hatte. Nur einer von hundert Wikingern war der klischeehafte Pirat; bei den allermeisten handelte es sich um friedliche Bauern, Handwerker und Geschichtenerzähler, die sich für das Gold und den Schmuck von anderen Leuten nicht mehr interessierten als erlaubt. Von diesem sagenumwobenen Menschenschlag stammen sie ab, die sportverrückten Stockholmer, die uns hier auf dem Rosendalsvägen in Gestalt von Joggern und Mountainbikern passieren. Trotz meiner neuen Sportbegeisterung geht mir langsam die Luft zur Neige. Die sommerlichen Temperaturen treiben mir bereits beim Gehen den Schweiß auf die Stirn, und als es dann noch den steilen Kieshang zu *Rosendals slott* hinaufgeht, spüre ich, wie ausbaufähig meine Kondition ist. Rechts überholt mich ein Quartett brauner Minifrösche.

Auf der Anhöhe erwartet uns ein Lustschloss, das sich romantisch hinter Baumzweigen versteckt. Daneben erkenne ich die Orangerie, Rosengärten, Heckenlabyrinthe und ein Café im lichtdurchfluteten Gewächshaus. Befinde ich mich wirklich noch im Zentrum einer europäischen Metropole? Auf der rechten Seite flanieren Paare um Blumenbeete, Gärtner schieben Schubkarren voller Unkraut zu Komposthaufen, die sich als blühende Hügel in der Landschaft tarnen. Weiter drüben wachsen die prächtigsten Artischocken, Rhabarberstangen und dicke Kohlköpfe.

Ich kann mich nicht sattsehen, doch Annika weist uns mit gedämpfter Stimme eindringlich an, auf die Hunde zu achten. Hinten am Waldrand haben Rehe sich auf die Lichtung gewagt, uns entdeckt und sind in ihrer ganzen Lieblichkeit erstarrt. Wir schleichen mit extrem weichem Gang an ihnen vorbei, was in etwa so idiotisch aussehen dürfte wie bei den Dalton-Brüdern aus den Lucky-Luke-Comics. Die Rehe betrachten uns entsprechend skeptisch, scheinen jedoch unsere Harmlosigkeit zu spüren. Sie widmen sich bereits dem Kohl, als die letzten Hunde im Vorbeigehen gelassen den Kopf nach ihnen drehen. *Ta-det-lugnt* weit und breit.

Zwischen dem Djurgårdsvägen und Prins Eugens Väg hat die Stadt den Hunden eine Wiese eingezäunt, wo sie sich so lange austoben können, bis sie nur noch Schlafen im Sinn haben. Ich bin schon müde und froh darüber, mich auf einer Parkbank niederlassen zu können. Ich lege den Kopf auf das sonnenwarme Holz und schließe die Augen.

Von Skansen, dem ältesten und größten Freilichtmuseum der Welt, kommt ein Windstoß mit Musik herüber. Es sind die ersten Proben für den Allsång, das ungemein beliebte Gemeinschaftssingen, wofür Familien dienstagabends mit Picknickkörben anrücken, um mit skandinavischen Chanson-, Rock- und Schlagergrößen populären Weisen wie „Stockholm i mitt hjärta" („Stockholm in meinem Herzen") zu frönen. Um die 30 000 Menschen kommen direkt an die Bühne; 3,3 Millionen sehen sich die Live-Übertragung im Fernsehen an. Somit ist die wöchentliche Einschaltquote des *Allsång* sehr viel beeindruckender als die des ZDF-Flaggschiffs „Wetten, dass..?". Bei den Melodien gelingt es mir, mich nach einer turbulenten ersten Monatshälfte endlich richtig zu entspannen und über die neuen Eindrücke und Begegnungen zu sinnieren.

Oskar war noch nicht richtig aus- und Caro in sein Zimmer (mit Fenster!) eingezogen, da stand sie plötzlich da: unsere neue Mitbewohnerin Linnéa, ihres Zeichens zweite Ziehtochter von Gunilla. Zwar wurde Linnéa genauso wenig wie Ida von Gunilla aufgezogen; sie stammt aus einem klassischen Elternhaus (zwei Eltern, ein Haus). Dennoch kompensiert sie aus einem für uns unerfindlichen Grund ihr Defizit an Geld, Rat und Urlaub bei Gunilla. Sie wohnt ohne zu bezahlen bei der Familie unserer Vermieterin – und jetzt eben ein Stockwerk höher bei Caro und mir.

Sie ist zwanzig, groß und hat eine sagenhafte Figur. Darüber trägt sie immer nur eine Kleinigkeit, wie die meisten Schweden: in dem Fall ein Satinkleid in Altrosa, das sich mit dem Pink ihrer hochhackigen Lacksandalen beißt. Auf den ersten Blick sieht sie überhaupt nicht schwedisch aus. Die tolle Bräune und die langen schwarzen Haare hat sie von ihrer thailändischen Mutter. Doch Linnéa ist die typische Östermalmerin: In ihr Kühlschrankfach packt sie nichts außer einer museumsreifen Sammlung von Nagellacknuancen.

Das Einzige, was nicht zu Linnéas Optik passt, ist die Nase. Die Nicht-Nase. Nicht der kleinste Ansatz davon. Zwei große Löcher. Obwohl es uns peinlich ist, darauf zu starren, können Caro und ich es einfach nicht lassen. Linnéa bemerkt davon nichts, überhaupt bemerkt sie selten etwas. Sie spricht paradoxerweise sehr nasal und atmet so schwer wie ein Mops.

Das ist der Eindruck, den ich von unserer neuen Mitbewohnerin gewinne. Was darauf folgen soll, ist weniger drollig.

Als ich eines Abends von meinem Sprachkurs in die Skeppargatan zurückkehre, lande ich mitten in Linnéas Einweihungsfete, zu der sie Caro und mich natürlich eingeladen hatte, wie sie beteuert. Spätestens jetzt müsste ihr eine Pinocchio-Nase wachsen – aber nichts! Am Kühlschrank kippt sich ein Mann, der seinen Körper zumindest noch in einen *Björn-Borg*-Schlüpfer hüllt, die Reste aus meiner Milchbox in den Rachen. Die Partygesellschaft rund um den Tisch und auf dem Balkon tut so, als würde sie mich nicht sehen. Dafür knutschen zwei Halbwüchsige in meinem Bett.

„Zu viel *snus*", entgegnet der Mann am Kühlschrank auf meinen irritierten Blick und deutet erst auf sich und dann auf den mit Tabakpäckchen übersäten Küchenboden.

Dieses Laster kenne ich leider von Lars zur Genüge: So ziemlich jeder Schwede klemmt sich mehr oder weniger regelmäßig die salzigen Säckchen unter die Oberlippe. Sobald das Nikotin ins Blut gewandert ist, wird der Kautabak auf die Gehwege gespuckt, um in der sonst klinisch reinen Stadt die Gullydeckel zu verstopfen. Auch in der WG wird kräftig gespuckt – und das nicht nur auf den Fußboden. Ein sehr junger Mann hängt mit sehr grünem Gesicht über der Klobrille. „Kümmer dich nicht um ihn", versucht mich der Milchtrinker zu beruhigen. „Ich bin Måns, Linnéas Lover und *by the way* Musikproduzent in London. Und der da hatte grad sein erstes Mal." – „Hier? Sein erstes Mal??" Ich bin starr vor Schreck. „Mit *snus*, meine ich. Mann, *ta det lugnt!*"

Ein Pfiff in der Ferne bringt mich langsam zurück in die Realität, mehr noch: etwas Nasses am Ohr. Eine kräftige, ausgeprägte Labrador-Nase. Vor meiner Parkbank steht Attila mit vielen Hunden und wenigen Menschen zum Abmarsch bereit. Ich grinse, richte mich auf und fühle mich grandios erholt, wie nach einer anstrengenden Yoga-Stunde mit Tiefenentspannung.

Ich höre und sehe Linnéa eine ganze Weile nicht mehr. Das Leben spielt sich komplett außerhalb der Wohnungen ab. Wir treffen uns zum Theater im Tantolundenpark, zum Kino und *indiegympa* auf den Flachdächern von Norrmalm, zum Boxsport auf den Terrassen der Cafés und zum Kaffee direkt am Wasser. Vollständig dunkel wird es bereits seit Monatsbeginn nicht mehr. Momentan dämmert es maximal eine Stunde vor sich hin. Doch wenn Caro, ihr Freund Marcel, der zu Besuch ist, Lars und ich nachts von den Kneipen zur Wohnung schlendern, ist es längst taghell. Diese Weißen Nächte sind ein grandioses Erlebnis, Stimmungsaufheller und schöner Luxus. Dennoch kann ich mich nie ganz an sie gewöhnen, und wenn ich bei offenem Fenster schlafe, ist es wegen der frühen Beleuchtung bald vorbei mit der REM-Phase.

„Habt ihr schon Pläne?", wirft Lars eines Tages in die Runde. Es dauert, bis wir kapieren, dass von Mittsommer die Rede ist. „Was schlägst du vor?", frage ich zurück. Bislang hatte er mir nur erzählt, dass es zu diesem Fest im flirrenden Sonnenschein immer wieder kurz geregnet hat – sonst wäre es eben kein echter schwedischer Sommer. Der dauert im Volksmund von Mitte Juni bis Mitte Juli. In diesem Jahr hat der Sommer freundlicherweise ein paar Wochen früher Einzug gehalten. Bei konstanten 27 Grad, leichtem Wind und wolkenlosem Himmel kann sich nun wirklich niemand beklagen.

„Kommt mit zu meiner Familie aufs Land und werdet endlich richtige Schweden", entgegnet Lars. Das ist doch mal eine Idee. Ich bin dabei, aber Caro und Marcel sind unschlüssig, ob sie damit gegenüber der Verwandtschaft nicht zu aufdringlich wirken. In Schweden heißt es bei jeder Art von Familienfesten oft: Geschlossene Gesellschaft. Auch der neue Freund und die neue Freundin werden den Eltern häufig erst dann vorgestellt, wenn es sich gar nicht mehr vermeiden lässt. Die bekannte offene Gesellschaft existiert zwar selbst nach den Morden an hochrangigen Politikern weiter. Am Wochenende nach getaner Arbeit bleibt man aber einfach gerne unter sich. Um neue Leute kennenzulernen, muss der Fremde hier deshalb mehr Ausdauer an den Tag legen als anderswo in Europa.

Lars würde dieser Erfahrung wohl kaum zustimmen. Auch diesmal sagt er: „Ach, Unsinn. Mittsommer ist für alle da, und auch wir feiern mit allerhand Freunden und Nachbarn. Je mehr, desto besser. Also, abgemacht?"

Eine Woche später sitzen wir zu viert in Lars' Golf und drängeln uns mit den meisten anderen Stockholmern über die ersten Kilometer auf der E:4. Ein bisschen komme ich mir vor wie bei einer Massenevakuierung vor einem nahenden Tornado oder einer Flutwelle. Weil wir aber in Schweden sind, verliert keiner die Nerven oder tanzt aus der Reihe. Es geht derart langsam voran, dass Caro vorschlägt, wir sollten es zu Fuß versuchen. Doch ein alter Schwede wie Lars zuckt bei solcher Rastlosigkeit nur verständnislos mit den Schultern. Er kennt das Spielchen, wenn sich Mitte Juni alle für einen mehrwöchigen Sommerurlaub aus der Stadt verabschieden und sich zur Familien-*stuga* begeben. Er streicht über das Steuer und wartet lässig, bis sich wenige Kilometer weiter draußen der Stau auflöst, wie er es vorhergesagt hat. Grund genug, ihm auch zu glauben, dass seine Familienmitglieder die allerliebsten Menschen sind und sich darauf freuen, Deutsche das Feiern zu lehren. Um ihnen dabei behilflich zu sein, haben wir zwei Kästen *Paulaner* und mehrere Flaschen Holunderschnaps geladen.

Ich bin seltsamerweise nicht im Geringsten nervös, Lars' Familie kennenzulernen. Und ich habe viel Zeit, mich an den Gedanken zu gewöhnen, denn Lars fährt dermaßen einschläfernd, dass Caro, Marcel und ich am Straßenrand locker ein paar archäologische Grabungen durchführen könnten. Doch wir trösten uns mit der verlängerten Vorfreude auf

Mittsommer, dem Fest, das in der schwedischen Wichtigkeitsskala gleich hinter Weihnachten rangiert – bei uns sogar noch davor. Heute ist *midsommarafton*, der Vorabend des eigentlichen Mittsommertages, an dem bereits die große Fete steigt und der stets auf einen Freitag zwischen dem 20. und 26. Juni fällt, wenn die Tage am längsten sind.

In der Hofeinfahrt vor einem weißen Holzhaus mit prächtigem Treppenaufgang und solarzellenbedecktem Dach stehen schon ein Dutzend Wagen und zwei überaus dicke Männer. Einer von beiden in knallengen Jeans und viel zu langen, über dem buddhaförmigen Oberkörper labbernden Hosenträgern stürmt im Galopp auf mich zu und drückt mich so fest, dass mir kurz die Luft wegbleibt. Ich mutmaße, dass er mich mit Lars' Exfreundin verwechselt. Doch dann sagt er, ich sei eine sagenhafte Verbesserung im Vergleich zur alten, und Lars fragt pikiert nach, was denn Onkel Bertil an diesem Tag schon alles getrunken hat.

Drinnen stellt Lars uns Deutschen seine Familie vor. Da wären also Mutter Elisabet, Vater Johan, Bruder Stig und Schwester Malin. Auf der Veranda treffe ich als Erstes wieder Bertil, daneben Tante Elsa, Onkel Paul, Tante Ingegerd, die Cousins John, Kjell und Liam sowie die Nachbarn Barbro und Totte und die Freundinnen der Cousins, Lina, Lena und Helena. Leider hört sich das auf Schwedisch noch viel unübersichtlicher an. Beim Onkel wird feinsäuberlich unterschieden zwischen *farbror*, dem Bruder des Vaters, und *morbror*, dem Bruder der Mutter, wie es bei Bertil der Fall ist. Haben die Eltern Schwestern, heißen sie *moster* oder *faster*. Entsprechend ist *morfar* der Großvater mütterlicherseits, *farfar* der Vater des Vaters. Die herzliche Urgroßmama Alva, die in der Küche Kartoffeln kocht, ist die *gammelmormor*, wörtlich die alte Mutter der Mutter. Ihre Tochter ist Oma Margareta, von der Lars wiederum das *barnbarn* ist, das Kindeskind, also der Enkel. Und da Tante Elsa in die Ehe mit Onkel Bertil den kleinen Freddy mitgebracht hat, ist der Bertils Stiefsohn, den die Schweden aber etwas liebevoller als *bonusbarn* bezeichnen, als ein Bonuskind, auf das Bertil unbändig stolz ist. Freddy sieht ihm sogar ein bisschen ähnlich, finde ich.

Im Garten ist die schwedische Flagge gehisst. Auch an dieses Bild haben wir uns während der Autofahrt gewöhnt. Lars' Eltern diskutieren mit sich überschlagenden Stimmen, ob sie das gelbe Stück Stoff mit blauem Kreuz entsprechend der allgemeinen Empfehlung bis 20.30 Uhr einholen wollen. So viel Temperament bin ich von den Schweden gar nicht gewöhnt. Allerdings wähnen sie sich hier und heute wohl auch eher unter sich. Oder Mittsommer wird als wichtig genug eingestuft, seinen Emotionen mal richtig freien Lauf zu lassen.

„Das machen sie jedes Jahr", erklärt Lars. „Da es ohnehin keinen Sonnenuntergang gibt, nach dem man sich richten kann, ist sozusagen Ausnahmezustand. Also darf die Flagge meinetwegen hängen, bis sie schwarz wird." Johan gibt nach, und Elisabet nickt erfreut. „Und das entscheiden sie dann jedes Jahr", fügt Lars hinzu.

Auf so viel Tradition trinken wir eine *nubbe*, ein Stamperl Schnaps. *Skål!* Ich bin begeistert von Mittsommer. Einige Frauen der Festgesellschaft tragen weiße Leinenkleider, manche Trachten. Für Männer scheint es keine Regel zu geben. Die meisten sind in T-Shirt und Jeans gekommen. Für die Stockholmer, die sich im Alltag immer sehr stylisch kleiden, ist wohl an besonderen Tagen wie diesem das Gegenteil von Aufbrezeln angesagt. Steht ihnen gut, so mitten in der Natur. Die meisten laufen barfuß durchs Haus und über die Wiese, also tun wir es ihnen gleich. Die Kinder der Nachbarn haben sich aus Birkenzweigen Kränze geflochten, mit Wiesenblumen ausstaffiert und auf den Kopf gesetzt. Caro und ich überreden sie, uns zu zeigen, wie die Kränze am schönsten werden, und schon sind wir mittendrin im Geschehen.

Auf der Dorfwiese hinter dem unumzäunten, nur durch einen Bach abgetrennten Grundstück der Familie Sällström soll gleich die *majstång* aufgestellt werden, ein Mittsommerbaum mit einem Dreieck und seitlich angebrachten Kränzen. Folglich pilgert der ganze Clan in ordentlichen Zweiergrüppchen über einen Steg hinüber.

Lars berichtet währenddessen, dass das *maj* in *majstång* keineswegs vom Monat *maj* herrührt, wie ich kombiniert hatte, sondern vom Verb *maja*, was „mit Blumen schmücken" bedeutet. Ich packe mein überschaubares Wissen über Maibäume in Bayern aus, die tatsächlich im Mai aufgestellt werden, was auf den Dreißigjährigen Krieg, den Schwedenkrieg, zurückzugehen scheint. Das hatte ich mir auf Wikipedia angelesen. Der Maibaumstamm, wie ich ihn kenne, trägt im Gegensatz zum schwedischen weiß-blaue Spiralen, Zunftschilder und Sprüche für eine gute Gemeinschaft. Der frappierendste Unterschied aber dürfte sein, dass in Schweden keine Blaskapelle dazu aufspielt, nach der ich mich intuitiv umsehe, als wir auf der Festwiese ankommen.

Hier gucken alle gespannt dabei zu, wie Männer der Gemeinde in einer Hauruck-Aktion die *majstång* aufrichten. Dann aber legt eine alternde Dame mit brüchiger Stimme am Mikrofon los. Sie ist Sängerin und Animateurin in einem und macht ihren Job ausgezeichnet. Die Leute – inklusive aller Sällströms und uns Deutschen – formieren sich um den Maibaum, fassen sich an den Händen und beginnen reihum zu tanzen. Dazu singen sie (mit diversen Wiederholungen):

> Små grodorna, små grodorna
> är lustiga att se.
> Ej öron, ej öron,
> ej svansar hava de!
> Ko-ack-ack-a, ko-ack-ack-a,
> ko-ack-ack-ack-ack-a.

Das Lied beschreibt kleine Frösche, die naturgemäß weder Ohren noch Schwanz haben. Wir springen in der Hocke im Kreis und müssen an den Stellen, an denen diese körperlichen Missstände zur Sprache kommen, die Hände an Schläfen und Hinterteil ansetzen und wild mit ihnen wackeln. So geht es eine Ewigkeit – und vor allem in die Beine.

„Das haben die sogar im Spielberg-Film *Minority Report* gesungen!", ruft Lars mir zu, „nur haben die *öron* durch *ögon* ersetzt, also Ohren durch Augen. In der Szene war irgendwer beim Augenarzt." Das macht die Sache nicht besser. In der zweiten Strophe geht es um Schweinchen, die seltsam grunzen:

Å nöff-nöff-nöff,
å nöff-nöff-nöff,
å nöff-nöff-nöff-nöff-nöff …

Wie ich später erfahre, soll sich dieses Spielchen an Weihnachten wiederholen, beim Tanz um den Tannenbaum. Tatsächlich stellt es einen wichtigen Bestandteil der schwedischen Kultur da, denn die Textsicherheit wurde bereits in Einstufungstests der Schwedischen Botschaft in Paris geprüft. Auf die Art wollte man entscheiden, ob ein lange im Ausland lebender Schwede seine schwedische Staatsbürgerschaft behalten dürfe.

Zurück auf der Veranda gibt es ein üppiges Mahl, das auf jedem Tisch im Land eins zu eins so aussieht, riecht und schmeckt. Das zumindest behauptet Onkel Bertil, der sich mächtig aufs Service lädt, als die Hälfte der Gäste noch gar nicht Platz genommen hat. Aus Höflichkeit kleckse ich mir etwas *senapsill*, Hering in Senfsoße, und *skärgårdssill*, sogenannten Schärengartenhering in Kräutersahne, auf den Teller, daneben große Mengen der tollen Jungkartoffeln, geplatzte Würste, Sauerrahm, *köttbullar* und Käse. Unter dem Teller parke ich eine Scheibe Knäckebrot, die mit ihrem Guckloch aussieht wie eine Schallplatte in Übergröße und damit die drei Prinzipien des schwedischen Designs wiederholt: Sie ist multifunktionell, dient in Bertils Fall dem Schabernack und hält sich zwanzig Jahre ohne Einbuße von Knack und Geschmack.

Wie die meisten trinke ich *öl*, also schwedisches Bier, und bin zufrieden. Doch Onkel Bertil findet das dem Tag nicht angemessen, erklärt den *Paulaner*-Kasten für eröffnet und stellt Caro, Marcel und mir immer wieder eine *nubbe* diverser Schnapssorten aufs Knäckebrot. Als Nachspeise tischt Elisabet eine zweistöckige *torta* aus Sahne und frischen Erdbeeren auf. Alles schmeckt wunderbar, aber als wir hinüber auf die Pferdekoppel wandern, ist mir mit einem Mal gehörig übel.

Mit Mühe schaffe ich es, bei einigen der jetzt anstehenden Familienspiele auszusetzen. Es ist mir, als nenne mich Cousin Freddy deswegen leise „Kartoffel". Um den Eierlauf und das Sackhüpfen komme ich nicht herum, da in Geschlechtergruppen gegeneinander gekämpft wird und nur ein Drittel der Partygesellschaft Frauen sind. Beim Stockdrehen werde ich glücklicherweise bei der gegnerischen Mannschaft zum Zählen eingeteilt und darf zuschauen, wie Onkel Bertil zur im Boden verankerten Kunststoffstange flitzt, sie an die Stirn drückt, die Augen schließt. Nun soll er sich eigentlich zehnmal um die eigene Achse drehen und sich dann bestmöglich zu seinem Team navigieren. Doch als ich *sju*, sieben, rufe, ist ihm bereits so schwindlig, dass er rückwärts torkelt, dabei die Stange aus der Erde reißt und auf den Rücken knallt.

In der Trinkkultur aber ist Bertil einsame Spitze. Als wieder alle zusammensitzen, erklärt er den Ritus, etwas Hochprozentiges zu trinken, danach schnell eine *snapsvisa*, ein Trinklied, anzustimmen, um erneut einen Schnaps zu trinken. Ich komme nicht gleich mit, weil ich schon einiges an *snaps* intus habe und gebannt die Wanderung seiner Hosenträger studiere, die bei jedem Lachen – bei Onkel Bertil eine Ganzkörperaktivität – eine Handbreit weiter die Schultern runterrutschen. Jedenfalls: Das bekannteste Trinklied heißt *Helan går* und geht folgendermaßen:

> Helan går,
> sjung hoppfaderallan lallan lej.
> Helan går,
> sjung hoppfaderallan lej.
> Och den som inte helan tar,
> han heller inte halvan får.
> Sjung hoppfaderallan lej.

Es hat einzig den Sinn, dazu zu motivieren, das Stamperl Schnaps im Ganzen hinterzukippen, versehen mit der Drohung, dass sonst nicht mal mehr ein halbes folgen würde. Meine schwedische Freundin Madeleine hatte es beim Neujahrsfroschessen unter Autobauern in Japan gesungen, weil es das erste Lied war, das ihr in den Sinn kam. Dabei wären die *små grodorna,* die kleinen Frösche, in Nippon doch viel passender gewesen.

Wie Madeleine ging es auch den schwedischen Eishockeyspielern 1957 in Moskau, als sie gegen die Sowjetunion gewannen und Weltmeister wurden. Bei der Nationalhymne *Du gamla, du fria* waren die meisten nicht sonderlich textsicher. *Helan går* aber kannte jeder, und so sang man eben das.

Nun steht *kubb* auf dem Programm, ein Spiel mit Holzklötzen, das eine Schlacht symbolisieren soll, in der zwei verfeindete Truppen für ihren König kämpfen. Und weil Onkel Bertil das so martialisch erklärt, stimmen alle dafür, dass nun Deutsche gegen Schweden spielen. Also versuchen Marcel, Caro und ich, die Klötze, die Johan, Stig und Lena auf ihrer Grundlinie ins Gras gedrückt haben, mit unseren Wurfhölzern umzuschießen. Das funktioniert erstaunlich gut, und Johan attestiert uns auf Deutsch „das nötig Fingerspitzligefühl". Dann beschließt der Nachbarshund mitzumachen, räumt das komplette Spielfeld ab und läuft mit einem Wurfholz vor Stig um die Büsche.

Nach mehreren Regenpausen führt Deutschland klar, und es ist an Marcel, den in der Mitte platzierten König, der bislang tabu war, bei drei Versuchen zu treffen. Im ersten Anlauf wackelt der *kung*, fällt aber nicht. Stig versucht Marcel abzulenken und packt sein diffuses Deutschrepertoire aus. Singt „Deine blauen Augen machen mich so sentimental", „99 Luftballons" und Rammstein-Passagen, spricht wie Hitler und merkwürdiges Zeug wie „Ick habe Kartuffel jelernt". Der König purzelt. Und Stig verhält sich wie seine Nation im Zweiten Weltkrieg. *En svensk tiger.* Ein Schwede schweigt.

„Am Ende gewinnen doch immer die Deutschen", ärgert sich Johan, doch Caro verbessert ihn: „Nee, nee, nicht immer – zum Glück!"

Damit ist das Sing-und-Spiel-Programm beendet. Die Mittsommerrakete, die wir mit Gunilla eingeübt hatten, entfällt. Wir sitzen gemeinsam bei Kerzen- und Fackellicht um den Veranda-Tisch, erzählen alte Geschichten und lachen. Elisabet berichtet uns Deutschen mit Genuss, wie ihr Sohn Lasse vor vielleicht zehn Jahren an Mittsommer derart vom Alkohol benommen war, dass er einen Hechtsprung in den Goldfischtümpel versuchte. Dabei landete sein Kopf auf der Wasserpumpe, weshalb man einen Arzt auftreiben musste. Das ist in Schweden auf die Schnelle grundsätzlich nicht leicht – und an Mittsommer schon gleich gar nicht. Schließlich musste der Doktor arbeitswillig und einigermaßen nüchtern sein, um die Stelle mit der Platzwunde zu rasieren und die Hautfetzen wieder zusammenzutackern. Wochenlang sah Lars aus wie Gorbatschow.

So geht es im Kreis herum, wie zuvor um den Mittsommerbaum. Ich schildere, wie ich eines schönen Sommermorgens nicht mehr ganz standfest an der Tür meiner Eltern geklingelt hatte, weil mein Schlüssel in den Gully geplumpst war. Warum wir im Juli mit Feuerzangenbowle durch die Nacht gefeiert hatten, ist mir bis heute ein Rätsel. Weihnachtliche Assoziationen verleiteten mich zu einem lauten „Hallo, hier ist der Nikolaus!". Bei dem Vorhaben, meine eigenen Stiefel für die Bescherung zur Verfügung zu stellen, klappte ich in unseren Buchsstrauch und fand die Gelegenheit günstig, mich dort der Bowle zu entledigen, die mir über war.

„Na, dann passt ihr ja bestens zusammen", ruft Johan in die Runde. Bertil ist beeindruckt und erhebt das Glas: „Darauf, dass eure Kinder euch auch so viel Freude bereiten mögen!" Elisabet prustet vor Lachen oder vor Schreck, ich weiß es nicht genau, den Aquavit in die Margariten.

Gegen ein Uhr nachts ziehen wir zu viert noch einmal los. Es ist taghell. Caro und ich müssen als unverheiratete Frauen bei völliger Stille auf sieben Wiesen sieben Sorten wilder Blumen pflücken. Nach dem Brauch sollen sie unters Kopfkissen, damit sie uns im Traum sagen, wen wir heiraten werden. Allerdings schlafen wir wie die Murmeltiere und können uns an nichts erinnern. Doch auch ohne diese Prophezeiung hatte die Natur etwas Magisches. Die Schweden erzählen sich, dass in diesen Stunden die Elfen tanzen und sich Trolle hinter den Bäumen verstecken. Der Morgentau des Mittsommertages könne kranke Tiere und Menschen heilen, hatte Elisabet berichtet, weshalb man ihn in Flaschen auffange und zum Brotbacken nutze.

Ob er auch gegen zwei Brummschädel helfen würde? In der Früh nach einer extrem kurzen Nacht schleichen Gorbatschow und der Nikolaus über die alten Holzböden. Am Vortag hatten Lars und ich beschlossen, für die Großfamilie Frühstück zu machen. Das war, bevor ich begriff, welche Sause für den Abend anstand. Unsere schweren Köpfe drücken zusätzlich gegen die knarzenden Platten, weshalb ich unseren Plan schon auf den ersten Metern zum Scheitern verdammt sehe. Ich könnte schwören, aus Bertils Zimmer Stimmen zu hören, doch Lars meint, er habe nur ein sehr spezielles Schnarchen.

Veranda und Küche sehen aus wie nach einer dreitägigen Fete im Studentenwohnheim. Während ich eine Unmenge an Flaschen, Tellern und Gläsern einsammle und die erste Spülmaschinenladung anwerfe, hat Lars bereits einige Pfannkuchen gebacken und Kaffee durchgelassen. Ich folge seinen Anweisungen und verteile vier Sorten Knäckebrot auf dem Tisch, literweise *filmjölk*, die säuerliche Dickmilch, eingemachte Konfitüre und Müsli. Dann schneiden wir Lachs, kochen Beeren zu Kompott und Haferflocken in Milch, pressen Fruchtsaft, schneiden Gurken, Äpfel und Tomaten. Lars holt beim Landbäcker frische *kanel-* und *sesambullar* sowie das dunkle Sirupbrot, das aussieht und riecht wie Schokoladenkuchen. Ich quetsche Schalen unterschiedlich stark gesalzener Margarine mit dazugehörigen Holzmessern zwischen Teller und Tassen und stapfe hinaus ins nasse Gras, um Wiesenblumen zu besorgen. Als ich zurückkomme, steigt auch Lars wieder übers Gartentor – und die Hälfte der Plätze an der Frühstückstafel ist bereits besetzt. Bertil grinst so breit, dass für mich klar ist, wer da getratscht hat.

Vor der Abfahrt verspreche ich Elisabet und Johan und dann noch zweimal Onkel Bertil persönlich in die Hand, zum *kräftskiva*, dem großen Krebsschmaus im August, zu kommen. Bertil verkündet – wohl zum Ausgleich –, mich künftig regelmäßig in Stockholm zu besuchen.

Die Strecke zurück fahre ich. Es dauert weit weniger lange als mit Lars am Steuer. Das liegt zum einen daran, dass kaum Schweden unterwegs sind. Die meisten von ihnen bleiben länger auf dem Land als wir, da auch die Kinder schon Ferien haben. Zum anderen halte ich mich nicht so übertrieben an die Geschwindigkeitsbegrenzungen. Sonst kommen wir ja nie vom Fleck in einem Land, das größer ist als Kalifornien und bis nach Sizilien reicht, wenn man es an seiner Südspitze umklappt. Lars sieht die Zuhilfenahme des Gaspedals nicht so entspannt.

„Die Strafen sind hier keine Schnäppchen wie in Deutschland." – „Als ob ich auf menschenleerer Straße irgendwen gefährden könnte!" – „Darum geht's nicht. Überfahr einen Zebrastreifen, und du zahlst 3000 Kronen." – „Ihr malt ernsthaft Zebrastreifen auf die Landstraße?" – „Nein, dummes Beispiel. Aber was machst du, wenn plötzlich der Elch kommt?" – „Dann fahre ich um ihn herum. Oder gebe Gas. Je nachdem." Das wäre dann mein persönlicher Elchtest.

„Hör mal, in Schweden gibt's eine halbe Million Elche und jedes Jahr fünftausend Unfälle mit ihnen – so ohne ist das nicht. Man knallt gegen die langen Beine, und die klappen einem mit ihren achthundert Kilo direkt aufs Dach." – „Fahren deshalb die meisten von euch diese alten Volvo-Kästen? Mit Knautschzone von oben?" – „Vielleicht. Ist dir übrigens aufgefallen, dass fast alle Volvos in Schweden elchgrau sind?" Was für eine merkwürdige Diskussion. Ich muss lachen: *„Ta det lugnt,* Lasse!"

Alles geht gut, und die Stimmung ist prima – bis wir die Tür zur Wohnung an der Skeppargatan öffnen. Im Flur surrt eine hüfthohe Maschine, die langsam über das Parkett zuckelt. Das wiederum wölbt sich neuerdings um unsere Knöchel. Das Thermometer am Eingang zeigt 63 Grad. Offensichtlich hat sich eine mittelschwere Überschwemmung ereignet, denn in den Schuhen in unseren Zimmern steht noch immer das Wasser.

Linnéas Zimmer ist leergeräumt. Von ihr selbst keine Spur.

juli

DARWIN SITZT IM SCHRANK, eine Plastiktüte über dem Kopf. Gerade eineinhalb Tage befindet sich der Kater in Caros und meiner Obhut, und schon ist er selbstmordgefährdet. Sein Bruder Elliot hat sich auf dem Hochschrank in Linnéas Zimmer ins hinterste Eck verkrochen und ist froh, wenn wir uns nicht blicken lassen.

Linnéa ist mit Ziehmama Gunilla, deren Mann Gustav und Sohn Bengt auf großer Deutschlandtour. Gunilla nennt das anders, nämlich: Urlaub in München in Österreich. Meine Andeutungen, dass die bayerische Landeshauptstadt durchaus noch dem Großraum Deutschland zuzurechnen ist, hat sie mit einer abwertenden Handbewegung als Unsinn vom Tisch gewischt. Auch unsere Deutungsversuche, was die Überschwemmung angeht, dringen nicht zu ihr durch.

„Der armen Linnéa ist beim Duschen ein bisschen Wasser über den Badewannenrand getröpfelt", erklärt uns Gunilla den Spontanurlaub am Abend vor der Abreise: „Da kann sie nichts dafür, aber dennoch ist ihr das Ganze schrecklich peinlich. Sie braucht jetzt Entspannung."

Angesichts des 42 Zentimeter hohen Wasserstands, der sich am Dreckrand der Tapete offenbart, überlege ich kurz, ob sie uns verkohlen will. Wegen des gewölbten Parketts lässt sich unsere Badezimmertür nicht mehr schließen und steht bei jeder Aktivität einen ellbogenbreiten Spalt offen. Wir rekonstruieren das Tatgeschehen so: Linnéa hat den Wasserschlauch der Waschmaschine wie sonst auch in den Flur statt in die Badewanne gelegt. Mit dem Unterschied, dass tagelang niemand zu Hause war, um dieses Missgeschick zu korrigieren. Sie wäscht ihre Hände aber natürlich in Unschuld. Und obwohl bei Gunilla eine Etage tiefer das Wasser über die Tapete rann, zweifelt sie nicht an der haarsträubenden Duschtropf-Geschichte. Die Frau hat andere Sorgen.

Sie hatte Caro und mich nach längerer Pause hinunter in ihre Wohnung gebeten. „Könnt ihr wieder mal zum Essen kommen?", hatte sie gefragt, als wir uns im Aufzug begegnet waren. Sie wirkte bedrückt. So saßen wir also Stunden später auf Plastikplanen, während Gunilla wie üblich wegen des Mixer-Lärms ihre Bauarbeiter-Ohrenschützer aufsetzte und uns Blaubeeren pürierte. Zum Warmlaufen sahen wir in einer Diashow viel Bengt vor wenig südafrikanischer Kulisse.

Danach schob uns Gunilla ein Blatt Papier mit allerhand Paragraphen über den Tisch. Wir wurden stutzig. Bisher hatten wir keinen Mietvertrag unterschrieben. Alles basierte auf Vertrauen, in diesem Punkt war selbst unsere Vermieterin einmal ganz Schwedin. Wir vertrauten ihr, dass sie in unserer Abwesenheit nicht plötzlich die Wohnung räumte. Sie vertraute uns, dass wir monatlich mit der Miete an der Tür standen. Wir konnten folglich über Nacht türmen. Da aber ein paar Quadratmeter in Östermalm weggingen wie in Schweden die Hotdogs, war ihr Risiko sehr gering. Was also wollte sie bloß?

Bei genauer Betrachtung stellten sich die Paragraphen als Testament heraus. Wir sollten als unabhängige Zeugen unterschreiben, dass Gunilla ihr Ziehkind Ida – die Fischköchin aus dem Dalarna-Sommerhaus – enterbt, weil sie diese kürzlich beim Koksschnupfen erwischt hatte. Puh! Ich fühlte mich unwohl und hoffte, Caro würde die Passagen im Text verstehen, mit denen ich meine Probleme hatte. Aber was waren meine Problemchen gegen den „Schmerz einer Drogenmutter", wie ihn Gunilla zu verkraften hatte? Ich erlebte die reservierte Frau das erste Mal mit feuchten Augen.

Was Ida anging, hatte sich ihr Vertrauen als naiv herausgestellt. Ich setzte hektisch meinen Namen auf das Schriftstück. Caro ging es genauso.

Punkt Nummer zwei, der Gunilla an diesem Abend auf dem Herzen lag: Sie hatte niemanden, der sich um ihre Katzen kümmerte, während sie sich erholen musste. Ob wir vielleicht …? Wir hatten die Tierchen nie zu Gesicht bekommen, doch Gunilla versicherte uns, sie seien sehr pflegeleicht und könnten keiner Fliege etwas zuleide tun. An dem Abend wollten wir ihr nun wirklich keine Bitte abschlagen. Sie vertraute uns, und wir waren so leichtfertig und vertrauten ihr.

Einen Tag später wohnten also zwei Katzen in der WG. Auf einer Haftnotiz über der Spüle hatte Gunilla eine dringliche Information hinterlassen:

Niemals Tür zum Balkon aufmachen!!! Verbot!!! Der kleine Darwin springt gern über Geländer. Unten ist er tot!!! Danke dafür.

Gut, dass Caro und ich Getier aller Art lieben und für zwei Wochen Katzenbeaufsichtigung einen Mietnachlass erhalten. Das Dumme an der Sache aber ist: Draußen hat es dreißig Grad, in der geschlossenen Wohnung dank Luftentfeuchter immer noch um die sechzig. Wir schlafen praktisch im Tropenhaus. Und: Die Katzen sind keine Hauskatzen, sie sind Kampftiger, die mir bis an die Kniekehlen reichen, dabei aber die wackelige Statur von Twiggy haben. So wie Linnéa keine Nase, sondern nur Löcher hat, haben die Katzen keine Augen, sondern Schlitze, aus denen Eiter quillt. Die Nasen sind dafür bullig wie bei einem Staffordshireterrier. Wie Caro gebe ich mir Mühe, den Ekel zu überwinden, der mich bei ihrem Anblick überfällt. Ich zeige mich von meiner besten Seite. Von den Tieren kann man selbiges nicht behaupten.

Mit Lars sehe ich ein Video von Mittsommer, auf dem Onkel Bertil gerade seinen selbstgebrannten Himbeergeist anzapft und großzügig verkostet. Als Zeichen des vollendeten Geschmacks imitiert er nach jedem Schluck einen jaulenden Hund. Das hat Darwin neugierig gemacht. Noch von der Türschwelle meines Zimmers aus zischt er uns an. Dann trabt er lammfromm herüber, hüpft aufs Bett und drängt sich schnurrend auf meinen Schoß. Ich kraule ihn zwischen den Ohren, wie es Gunilla empfohlen hat. Ich weiß nicht, was es ist, das ihn nach dreizehn weiteren Minuten Filmmaterial veranlasst durchzudrehen. Jedenfalls fährt er seine Vampirzähne aus, hängt sich mit dem Oberkiefer an meinem Handrücken ein und reißt mir genüsslich zwei Fleischwunden quer über die Pulsadern. Dann springt er Lars ins Gesicht. Bevor ich dazu komme zu toben, hat er die Kaffeetassen zu Boden geworfen, ist aus dem Zimmer gestürmt und hat sich unter Linnéas Bett verkrochen, wo er zwei Tage lang ohne Futter ausharrt.

Obwohl Elin unsere Wunden desinfiziert, sieht Lars wieder aus wie Gorbatschow, und ich erwecke das restliche Jahr den Eindruck, ich hätte mich umbringen wollen. Auch eine Woche später in der *t-bana* ernte ich verstörte und mitleidige Blicke. Zum Trost gönne ich mir am Medborgarplatsen eine *tunnbrödsrulle*, bevor ich Nadine von der Vorschule abhole. Dieses zusammengerollte Fladenbrot, in dem zwei süßliche Würste in einer Ladung Senf, Ketchup und Kartoffelpüree schwimmen und erstklassig mit Röstzwiebeln und Essiggurken abgeschmeckt sind, ist die schwedische Antwort auf Döner Kebab.

Statt der in anderen europäischen Hauptstädten allgegenwärtigen Knoblauch-Buden und Fastfood-Ketten säumen hier die *gatukök* genannten Hotdog-Stände die Straßenränder. Oft tragen die südländisch aussehenden Verkäufer dahinter eine Eismütze, was im Zusammenspiel mit dem Rollwagen und dem gelben Sonnenschirm Assoziationen zu Kindertagen hervorruft, als *gelati!*-schreiende Casanovas ihre Karren über den

Strand manövrierten. Italiener habe ich in Stockholm aber nur ein einziges Mal getroffen, am Flughafen; sie waren auf dem Weg, am Nordkap ein Limonenbäumchen zu pflanzen. In den vergangenen Jahrzehnten hat Schweden vor allem politische Flüchtlinge aus dem Iran, dem Irak und Chile aufgenommen, die problemlos die Vergangenheit und – wie jeder Schwede auch – den Namen hinter sich lassen können, wenn sie es möchten. Und so ist es vielleicht Hampus Hansson, der mir nun den Schwedendöner in die Hand drückt.

Ich lasse mich kurz auf den Stufen des leicht schmuddeligen Medborgarplatsen an der Götgatan nieder, an dem mit dem *Debaser* der beste Musikclub der Stadt liegt. Um mich herum reihen sich für Södermalm etwas zu schicke Cafés und ein Kinokomplex im Gebäude der eher tristen Markthallen. In der Stadtbibliothek in meinem Rücken laufen kostenlos die bekanntesten Werke im Sommerkino. Wenige Meter weiter betteln obdachlose Alkoholiker; knapp daneben eröffnet wiederum ein exklusiver Hutladen, an dem selbst die Queen Gefallen finden würde. Vor mir lese ich auf einem Glasmonument:

Außenministerin Anna Lindh hat auf der Treppe zum Medborgarhuset am 9. September 2003 ihre letzte Rede gehalten.

Eine merkwürdige, aber elektrisierende Mischung. Stockholm ist alles, erinnere ich mich an Oskars seltsam philosophische Worte. Sechs Wochen sind seit seinem Auszug vergangen. Ich sollte ihn endlich anrufen, nehme ich mir vor, und mache mich auf den Weg zur Vorschule.

Nadine will wieder nicht mit mir sprechen, und da ich die Anweisung ihrer Mutter befolge und ihr kein Eis und keine Bonbons kaufe, möchte sie noch nicht einmal den Nachhauseweg mit mir ablaufen.

Ich versuche sie mit allerhand Nettigkeiten zu überreden.

Interessiert sie nicht die Bohne, sagt sie, bevor sie mit ihrem dicken Schulranzen um ein Häuserecken rennt.

Als ich ihr folge, flitzt sie unter Nachahmung eines Martinshorns zurück und versteckt sich hinter Blumentöpfen. Dort legt sie die Hände an eine unsichtbare Pumpgun und schießt mit tönendem „Da-da-da-da-da-daaa" um sich auf die Passanten. Mir ist das simulierte Gemetzel unsagbar peinlich. Aber die Leute scheinen Nadines Verhalten nicht absonderlich zu finden. Kinder dürfen in Schweden durchaus laut und unberechenbar sein.

Nachdem wir es auf diese Art eine halbe Stunde lang keinen Meter weitergeschafft haben, spreche ich deutschen Klartext, der Nadine ob des harschen Klanges tatsächlich zu beeindrucken scheint. Dann gehe ich schnurstracks zur Wohnung. In Schaufensterscheiben erkenne ich, dass sie trotzig hinter mir herschlurft und kaum mehr um sich ballert. Ich bete inständig, dass das Kind des Teufels nicht vom Bus überfahren wird.

Als die Mission vollbracht ist und Nadine wider Mamas Wollen im Sitzsack das Kinderprogramm verfolgt und Kekse mampft, mache ich mit Pollie Hausaufgaben. Ich erkläre ihr die deutschen grammatikalischen Fälle, die auf einem Arbeitsblatt etwas durcheinandergepurzelt sind.

Ich fahre in DEM Urlaub,

heißt es da und wohl zum Ausgleich darunter:

Ich stehe auf DEN Auto.

„Sagt man nicht: Ich stehe auf DAS Auto?", fragt Pollie. Sie hat die VW-Werbung mit Heidi Klum zu oft gesehen, bei der am Ende eine Männerstimme auf Deutsch brummt: „Volkswagen. DAS Auto." Aber ja, ein bisschen muss ich ihr beipflichten. Statt Vau-Weh sagt Pollie wie alle anderen Schweden Weh-Weh. Angesichts meiner Golf-Erfahrung liegt sie auch damit nicht unbedingt verkehrt.

Am Ende bin ich vor lauter Ursachenforschung und Erklärungsnot so verwirrt, dass ich wie ein Stockholm-Anfänger vergesse, dass für die *t-bana* Linksverkehr gilt – wie es bis

1967 auch für den Straßenverkehr der Fall war. Ich nehme die falsche Bahn und merke es erst, als schon die südlichen Vororte oberirdisch an mir vorbeiziehen.

„Das war Instinkt", psychologisiert Caro herum, als ich viel zu spät zum Essen in die WG komme und Darwin in der Zwischenzeit im Topf mit dem Milchreis unterwegs war. Schleimige Schlieren am Backofen und glitschige Pfotenabdrücke in Caros frischer Wäsche führen mir das Debakel vor Augen. Seit der Aktion war nichts mehr von ihm zu sehen.

„Tolle Wurst, echt! Ich bin mir nicht sicher, ob Darwin kapiert, dass man sich anpassen muss, um zu überleben." Ich muss lachen: „Da müssten wir zwei inzwischen ganz gute Chancen haben in Schweden, oder?" – „Na klar, *ta det lugnt*! Und zur Not lassen wir nachts mal die Balkontür für die Katze auf. Milchreis?"

An einem der kühleren Nachmittage stehen plötzlich die Busse still, die Ausflugsschiffe trudeln an ihrer Leine im seichten Wasser und schlagen dumpf gegen die Ufermauer der Anlegestellen. Die *t-bana* fährt, hält aber dem Ansturm kaum Stand. Auf überfüllten Bahnsteigen stehen Berufstätige Schlange, um in der nächsten Stunde eventuell transportiert zu werden.

Der Grund: Kapitäne und Busfahrer wollen mehr Geld für ihre Arbeit. Weil das die Stockholmer aber nicht mehr als nötig in Mitleidenschaft ziehen soll, hat man bis Juli mit dem Streik gewartet. Viele von ihnen sind bereits aufs Land geflüchtet, und Schwedens Hauptstadt präsentiert sich ob der Solidarität des Volkes einer ersten großen Welle von Sommertouristen nicht gerade von ihrer Schokoladenseite.

Caro und ich fügen uns der unglücklichen Situation. *Ta det lugnt!* Wir nutzen die Gelegenheit und widmen unserer Wohninsel Östermalm ungeteilte Aufmerksamkeit. Wir besteigen den Fernsehturm, der mit seinen 155 Metern das höchste Bauwerk Skandinaviens ist, besuchen die 120 Jahre alte Markthalle *saluhall* mit den gigantischen Fischmäulern auf den Eistresen und wandern hinab in die Tresorgewölbe des Historischen Museums, um Halsschmuck aus Wikingergräbern zu begutachten.

Eine weitere Sehenswürdigkeit sind die *Stureplan brats*, wie die Schnösel aus unserem Nobelviertel im Rest Stockholms abfällig genannt werden. Sie tragen Gucci, spitze Schuhe und zu viel Gel im gescheitelten Haar. Die nachwachsenden Schuljungen setzen dem Erscheinungsbild die Krone auf: Sie laufen, als hätte ihr Allerheiligstes schlimme Schwellungen, was wohl auch der Grund dafür ist, dass sie die Hosen unterhalb des Hinterteils zusammenschnüren wie einen Kartoffelsack. Caro und ich bestaunen den Push-up-Effekt, wundern uns aber, wieso keiner auf die Idee kommt, *sie* „Kartoffel" zu rufen.

Am Wochenende kehren unsere Vermieter zurück. Im Türschlitz klemmen die Eintrittskarten zu einem Spiel in der *Allsvenskan*, Schwedens erster Fußballliga. Kurz darauf wandern wir mit Bengt die wenigen Straßen hinüber zu Stockholms Stadion, das den Charme einer mittelalterlichen Burg versprüht. Weil wir viel zu früh dran sind, weil Bengt viel zu nervös ist, wählen wir einen Umweg über den Parkabschnitt *kattrumpsbacken*, den Katzenhinternhügel. Selbst dem weichen Erdboden gelingt es nicht, das rhythmische *Klack-klack-tock-tock* seiner Holzschuhe zu dämpfen.

Während Caro und ich dem in Schweden populären Eishockey und dem *Bandy* (einer Abwandlung davon, die mit elf Spielern pro Mannschaft draußen gespielt wird) genauso wenig abgewinnen können wie Golf, olympischem Gehen oder Wasserballett, kommt uns Bengts Leidenschaft sehr entgegen. Die Jahreszeit auch. Die Saison beginnt nämlich erst im Februar – und wenn eine Europa- oder Weltmeisterschaft ansteht, wird sie Mitte Mai schon wieder unterbrochen. Spieler wie Zuschauer frieren sich dann noch im November die Hacken blau.

Auf dem Weg vorbei an den Bronzeskulpturen verdienter Sportler und hinauf zu unserem Tribünenabschnitt stülpt sich allmählich die Geräuschkulisse eines Fußballstadions über uns. Das veranlasst Bengt dazu, das Gespräch abrupt zu beenden und sich dem Spiel des Stockholmer Clubs Djurgården IF gegen Malmö entgegenzumeditieren. Die Partie selbst erinnert mich an Momente in der deutschen Heimat, genauer gesagt an einen Grottenkick aus der dritten Liga. So sieht das in der obersten schwedischen Spielklasse leider auch aus. Die guten Spieler würden von England und Spanien weggekauft, rechtfertigt sich mein Sitznachbar kurz nach Anpfiff, als könne er Gedanken lesen. Aber die Nummer acht von den Blauen sollten wir im Auge behalten, denn die habe Zunder in den Beinen.

Tatsächlich. Der Linksverteidiger wirbelt über den Platz wie ein junger Hund, holt sich die Bälle und schlägt glänzende Flanken, welche die Djurgården-Stürmer über das Tor heben oder bereits in der Annahme versemmeln. Ich blättere im Programmheft nach dem Namen. Dabei erfahre ich, dass unser Club den Spitznamen „Die Heizung" trägt und sogar der König mitfiebert. Dann fällt es mir wie Schuppen von den Augen. Hier haben wir den einzigen Deutschen, der für Stockholm in der *Allsvenskan* spielt: Jan Tauer, der von Braunschweig an den Mälarensee wechselte und auf gutem Weg ist, den schwedischen Fußball vor dem Untergang zu bewahren.

„Schau hin, der Deutsche wieder", schreit der Herr auf dem Platz vor mir einem Freund zu. „Der startet alle Angriffe. Klein, aber flink und gut im Kopf", bestätigt der. „Ein echter Deutscher eben. Unsere Jungs nehmen's viel zu leicht."

Ta-det-lugnt ist auf dem Platz nun wirklich nicht angebracht. Auf den Tribünen schon eher. Die Östermalmer machen das Beste draus, zupfen das auf die Clubfarben abgestimmte Lacoste-Hemd zurecht, winken das Mädchen mit den Biergläsern im Bauchladen zu sich und skandieren die verbleibenden Minuten bis zum Halbzeitpfiff: „Jan-ne Tau-er, Be-cken-bau-er!" Am Ende hilft alles nichts. „Die Heizung" wird kalt erwischt und geht mit Fähnchen und Tröten unter. Wir laufen wieder *klack-klack-tock-tock* nach Hause.

Am Abend kämpfen wir uns mit einem Wäschekorb voller Geschirr und Essen im Zickzack über die Hinterhöfe unserer Nachbarhäuser. Oskar feiert eine Wohnungseinweihungsparty. Die ersten Gäste sind schon zugegen und spielen komische Spiele. Das denke ich zumindest, als uns Elin zu sich winkt und je einen Schwamm in die Hand drückt. „Die Vormieter waren echte Vandalen", stänkert sie. „Haben hier mehr als ein Jahr drin gewohnt und zum Auszug nur die Hälfte der Wände notdürftig geschrubbt."

Schrubben, *skura*, ist ein Wort, das mir zu diesem Zeitpunkt noch nicht geläufig ist, weshalb ich davon ausgehe, dass wir die Tapete einweichen, um sie später leichter von der Wand zu kriegen. Ich rubble also weniger, als ich tränke, was so lange unbemerkt bleibt, bis sich an einer Stelle der Wand eine faustgroße Delle bildet. Oskars Vater sticht sie auf und lässt sie austrocknen, als wäre es eine Brandblase. „Was machst du denn bloß?", fragt er mich und deutet auf die Pfütze am Boden. „Nicht alles unter Wasser setzen!" – „Du bist wie Linnéa", ruft Caro und lacht. Sie hat die Aufgabe kapiert, mich aber nicht eingeweiht. Wer in Stockholm auszieht, weißelt die Wände nicht, er schrubbt sie blank. Ist doch klar!

Oskar, der sich auf das Alleinwohnen gefreut hatte, lebt bereits mit Ylva zusammen. Er hatte sie beim Marathon kennengelernt. Auf unsere Frage, ob das alles nicht sehr früh komme, schüttelt er den Kopf und verkündet: „Ach woher! Das ging bei Svea und Maiske genauso schnell. Und mit beiden war ich vier Jahre liiert. Erst mit der einen, dann mit der anderen, versteht sich. Nicht dass ihr wieder falsche Schlüsse zieht." Manchmal glaubt man jemanden in- und auswendig zu kennen und wird eines Besseren belehrt.

Wann und wo treffen sich zwei Züge, wenn der eine um 16.55 Uhr in Stockholm losfährt und ihm der zweite um 17.42 Uhr aus Göteborg mit der gleichen Durchschnittsgeschwindigkeit von 177 km/h entgegeneilt? Pünktlich zum Abendessen in der schwedischen Provinz.

Ich komme von einem Termin im Göteborger Liseberg, Nordeuropas größtem Vergnügungspark, wo in sieben Metern Höhe um die dreißig Leute aus der Gondel eines hin- und herschwingenden Fahrgeschäfts gefallen sind. Ich spreche mit Polizei, Betreibern und Zeugen und frohlocke dann in der ersten Klasse des X 2000 über kostenloses Internet, das noch geschwinder ist als der Schnellzug. Als ich Caro am Bahnsteig der Kleinstadt Skövde entdecke, liegen Bericht und Fotos bereits im E-Mail-Account der Redaktion in Hamburg.

Eine Schwedin hat uns eingeladen, die Caro wieder einmal in Zürich kennengelernt hatte. Marie erfüllt so ziemlich alle Erwartungen, die ich an eine Schwedin Ende zwanzig stelle. Ich weiß von Caro, dass sie seit Jahren verlobt ist, mit ihrem Freund David zusammenwohnt, seit sie denken kann – ans Heiraten aber denkt sie nicht. In diesen Sommermonaten ist sie hochschwanger, arbeitet jedoch weiterhin Vollzeit. *Ta det lugnt!*

Als wir die Wohnung der beiden betreten, fallen auch wie so oft ein Hund sowie ein riesiger Flachbildschirm inmitten einer sündteuren Einrichtung ins Auge. David sitzt hochkonzentriert am Computer; aus den Lautsprecherboxen dringt vertrauter Krach. Wie Lars und Anders entspannt sich David bei Gewaltspielen, die hierzulande großzügig toleriert werden und für die sich Freunde vernetzen, um Turniere auszutragen. Vielleicht mit ein Grund, warum David wie etliche schwedische Männer nach der Geburt des Kindes eine Zeit lang zu Hause bleiben will. So also läuft das auch auf dem schwedischen Land.

Neu hingegen sind mir später die Herren mit Koteletten und Pomadenfrisur, die sich in Chevrolets, Buicks und Thunderbirds in Kolonne und Zeitlupe durch die Gegend schieben. Deplatziert wie Geisterfahrer wirken da wir in Maries praktischem Familienkombi, mit dem wir einen Ausflug unternehmen. Wer hinaus will in die Natur, muss nur dummerweise erst durch die unansehnliche Industriestadt ohne richtigen Stadtkern.

„Man arbeitet ja bloß in den grauen Blocks und besorgt die wichtigsten Sachen in den Einkaufszentren", entschuldigt sich Marie: „Dafür macht man es sich zu Hause umso schöner. Die Städte in Schweden sind meistens kein Erlebnis, wenn man nicht gerade in den Metropolen lebt." – „Wo wir wohnen, kennt man nur eine Metropole", merkt Caro mit scherzhaftem Unterton, aber durchaus ernst gemeint an.

Die Stockholmer bewerben ihre Stadt selbstbewusst als „The Capital Of Scandinavia" und empfinden den Rest Schwedens als hinterwäldlerisch. Nicht einmal Göteborg, „Jöteborje" gesprochen, der zweitgrößte Ort im Königreich, wird von ihnen als vollwertiges Pendant an der Westküste akzeptiert. An diesem Tag hatte ich begriffen, warum. Zwar macht die von den Niederländern angelegte Stadt einen sehr ansprechenden Eindruck; nette Einkaufsstraßen ziehen sich um herrlich angelegte Parks. Allerdings umrunde ich das Zentrum von „Lilla London", des selbsternannten Klein-Londons, für meinen Geschmack zu schnell. Wobei „umrunden" es auch nicht trifft, denn die Altstadt ist viel zu rechteckig und durchdacht, um charmant zu sein. Leider sind die meisten Grachten zugeschüttet, und ich vermisse neben dem Kulturangebot vor allem das Wasser in der Stadt.

„Stockholmer sind ja auch arrogante Esel", entgegnet Marie, als sie auf ein Seegrundstück einbiegt, wo mehrere Gruppen an Lagerfeuern grillen. „Wie die schon reden, mit dieser unerträglichen Quäkstimme! Wie Enten, die gequält werden. Und so schnell, als müssten die feinen Gockel gleich wieder auf ihren Misthaufen, um sich zu präsentieren."

Was denn nun? Esel, Enten, Gockel? *Äh!* Die Landeier haben doch keine Ahnung von den o8ern, wie Stockholmer entsprechend ihrer Vorwahl im Volksmund genannt werden. Und wie ich gerade begreife, bin ich inzwischen eine von ihnen. Lars wäre stolz auf mich.

Wir bestellen uns schwedische Pizza an den See. Sie wird mit einem Berg von Krabben und Extra-Mayonnaise geliefert, was in Caros und meinem Fall den Hund freut. Dennoch ist der Abend ganz nach unserem Geschmack. Wir genießen die Sonne im gelobten Land.

28 Stunden später, am 16., wird Tova geboren. Caro und ich stoßen auf unserem Balkon dreihundert Kilometer weiter östlich mit badischem Riesling darauf an und sind froh, dass Maries und Davids Kind kein Junge geworden ist. Er hätte Albin Bertilsson geheißen, fast analog zu unserem Onkel Bertil, Bertil Albertsson.

Auch unser Warten hat sich gelohnt: Die Welt in der Hauptstadt ist wieder in Ordnung. Den Streikenden wurde nachgegeben, und die *SL*, Stockholms öffentlicher Nahverkehr, schafft uns ohne Probleme zu allen möglichen Ecken der Stadt. Das Inselhüpfen hat mir gefehlt.

Diesmal treffen wir uns zum Feierabend auf den Klippen von Södermalm. Mit dieser Idee sind wir nicht die Einzigen.

Immer mehr Leute drängen sich auf die Felsen über *München Bryggeriet*, einer ehemaligen Brauerei, die mittlerweile private Radiosender beherbergt. Vis-à-vis spiegelt sich matt das *stadshuset* in Mälarens Wasser. Weiter rechts hangeln sich Sportkletterer wie Spinnenmenschen über einen steilen Felsvorsprung. Hier oben bläst uns teils derart klamme Luft über die Haut, dass mir Schauer über den Rücken laufen. Zum Glück aber wärmen die Steine unsere Hinterteile wie Warmhalteplatten einen Elchbraten.

Elins Schicht im Krankenhaus ist vorüber. Ich entdecke sie unten auf dem *Söder Mälarstrand*. An der Leine trottet der kleine Qimmiq, der sie nach einem Pfiff von Lars zielsicher wie ein Blindenhund an allen Hindernissen, Grillwürsten und Häufchen von Stockholmern vorbei zu uns herauflotst. Frauchen hat einen Bastkorb dabei, um sich bei Käse, Wein und Lachs stilgemäß bis September aufs flache Land zu verabschieden. Elin also auch. Allerdings gönne ich ihr eine Auszeit. Die zusätzliche Arbeit wegen Ärztemangels in den vergangenen Wochen hat ihr sichtlich zugesetzt.

„Värmland und meine Eltern werden nicht viel von mir haben, fürchte ich", seufzt sie, während sie den Pinot Grigio in Sektgläser füllt. „Die Enge der Großstadt mit ihren hohen Häusern und kleinen Wohnungen. *Oj, oj, oj!* Ich brauche erst sechs Wochen Schlaf und meine Ruhe weit draußen in der Natur, bevor ich wieder Menschen ertragen kann."

Diesen Drang nach Einsamkeit, den auch Lars in den Genen trägt, werde ich nie richtig nachempfinden können. Ich verstehe einfach nicht, wie sie Stockholm wochenlang den Rücken kehren können – dann, wenn sie der Stadt einmal die Aufmerksamkeit schenken könnten, die ihr zusteht.

Auch Caro bringt keine frohe Kunde. Die Deutsche Zentrale für Tourismus schickt sie auf Studienreise nach Deutschland. Unter dem Motto „Deutschland. Das Autoland" soll sie schwedische Journalisten nicht nur von der Wirtschaftskraft, sondern auch von der Pracht des großen südlichen Nachbarn überzeugen. Sanne und die anderen Kollegen präsentieren derweil „Golf und kulinarische Bällchen im Norden", „Bayerns Biergärten", „Alte Schlösser – guter Wein" sowie „Auf zum Oktoberfest". Es bleibt also nichts unversucht, um einen glanzlosen Ruf aufzupolieren. Dennoch verzichte ich nicht gerne auf meine Mitbewohnerin im Stockholmer Sommer. Sie selbst, meine stärkste Verbündete gegen die Landflucht, wirkt nicht sonderlich bekümmert über den Zustand. Sie weiß, dass sie bei der Gelegenheit endlich ihren Freund wiedersehen wird.

Mein eigener ist während Caros Worten beunruhigend ruhig geworden. Lars hat ein schlechtes Gewissen, was ich daran erkenne, dass er Qimmiq geistesabwesend Zöpfe ins Fell flicht. Das Tier schiebt sich derweil immer näher an seine Lachsspieße heran. „Hast du was?", frage ich ihn. Seine anfängliche Konfliktscheue ist einer Direktheit gewichen, wie ich sie von zu Hause kenne und die mich des Öfteren stutzen lässt. „Ich habe eine schlechte, eine noch schlechtere und eine vergleichsweise gute Nachricht." Mir bleibt offenbar nichts anderes mehr, als die Reihenfolge zu bestimmen, in der er mir die Laune verdirbt.

Die schlechtere der beiden schlechten Botschaften: In Lars' Firma in Stockholm ist bis zum Herbst tote Hose, weshalb er in zwei Wochen für ein Bauprojekt nach London fliegen wird und nach Abschluss kurzzeitig im Hamburger Büro arbeiten soll. Ich denke, ich höre nicht recht. Meinen ersten Geburtstag als Stockholmerin werde ich also allein feiern können.

Nicht ganz so schlimm, aber dennoch schmerzhaft: Lars muss zum Monatswechsel seine wunderbare Altbauwohnung räumen, weil der Eigentümer darin mit seiner Affäre ein Liebesnest einrichten will, wie er ihm unverblümt gesteckt hat. Mein Glaube, Schweden seien solide edle Ritter, wurde in letzter Zeit kräftig erschüttert. Um die Erzählungen von Freundinnen und Bekannten zusammenzufassen: Wo man hinguckt, gehen Hintertürchen auf und zu.

Und die vergleichsweise gute Nachricht? Onkel Bertil hat sich angekündigt. Lars hatte überlegt, für die Zeit vor England zu mir zu ziehen. So weit, so gut. Bertil würde es uns angesichts seiner Gastfreundschaft an Mittsommer aber übel nehmen, meint er, wenn wir ihn in ein Hotel abschieben würden. *Toppen!* Ich freue mich unbändig, dass mir der Onkel in den vorerst letzten Tagen mit Lars hilfreich zur Seite steht. Ach gut, aber was soll's schon? *Ta det lugnt!*

Zur Feier des Tages wandern wir hinüber zum Mosebacke torg, dem Platz, den die Stockholmer kürzlich zum schönsten der Stadt gekürt haben. Wahrscheinlich gerade weil er unspektakulär ist. Kein Tamtam, kein Klimbim, kein übertriebenes Aufhebens um irgendwas. „Nur du und ich und die Stadt drumherum", wie Lars seine Vorstellung vom perfekten Verweilen einmal in Worte gepackt hatte, während ich die Umgebung irritiert nach etwas Nennenswertem absuchte.

Der angrenzende Biergarten hingegen eröffnet uns in diesem Augenblick ein fabelhaftes Panorama. Ich besinne mich kurz auf August Strindbergs Roman *Röda rummet* („Das rote Zimmer"), der auf eben dieser Terrasse beginnt. Schon seit dreihundert Jahren versammeln sich hier allerhand Biertrinker, Kulturfreaks und Musikliebhaber, um sich über den Dächern der Stadt Kleinkünstlern oder Jazzmusikern zu widmen. Heute spielen vier Männer unter einer Lampionkette, die zwischen die Kastanien gespannt ist, eine irre Mischung aus Salsa, House und Balkan-Klängen. Wir versuchen ein paar freie Plätze auszumachen. Aussichtslos. Doch weiter hinten winkt wer am Kickertisch: ein Kumpel von Lars, der sich als Pelle vorstellt und zur Begrüßung eine Runde ausgibt.

Ich blicke hinüber auf die Kirchturmspitzen der Altstadt, die als schwarze Dreiecke in einen tiefblauen Himmel ste-

chen, und bemitleide den Rest der Welt, der das Glücksge-
fühl dieses Moments, zur perfekten Zeit am einzig richtigen
Ort zu sein, nicht mit uns teilen kann.

Allerdings würde ich zu gern wissen, wo ich diesen Pelle
schon einmal gesehen habe.

augusti

So wie Onkel Bertil an einem etwas frischen Freitag-vormittag aus dem Zugabteil steigt, könnte man meinen, wir hätten uns zu einer mehrmonatigen Safari verabredet: wild gemustertes Hemd, beigefarbene Hose, robuste Schuhe, Hosenträger. Auf seinem Kopf sitzt ein zerzauster Panama-hut, mit dem Bertil aussieht wie eine Kreuzung aus Winston Churchill und Erich Honecker. „Mensch, Onkel, dir fehlt ja nur noch das Netz zum Schmetterlingefangen!", ruft Lars und hilft, einen Kastenkoffer aus dem Waggon zu wuchten.

Ich würde zu gern sehen, was der Gute für die drei Tage geladen hat, aber erst mal ist es Zeit für eine *fika*. Wenige Straßen hinterhalb des Bahnhofs, im hübsch gefliesten Café Frankfurt an der Pipersgatan, hören wir bei einer *macka* (einem gegrillten Sandwich) mit baskischem Schafskäse und einem Liter Senf, was uns Bertil so alles in der Stadt zeigen will. „Ein Muss ist die Vasa, das Kriegsschiff", bestimmt er: „Ein tolles Ding. Von 1628, das muss man sich mal vorstellen bei den immensen Ausmaßen und dem Prunk. So haben wir damals den Rest der Welt das Fürchten gelehrt." – „Die Vasa ist doch gleich im Hafen gesunken", füge ich irritiert an.

Aber das ist natürlich nicht der Punkt. Nicht für den ge-kränkten Bertil. Denn das ändert ja nichts an der Baukunst der Nation. Der Punkt ist der geniale Erfindergeist, der Welt-konzerne wie *Ericsson* hervorgebracht hat. Und das erklärt auch, warum Buddelschiffe mit absaufender Vasa der Renner in den Souvenirläden sind. Selbst Touristen begreifen schneller als ich.

Auf dem Plan für unseren gemeinsamen Städteurlaub stehen des Weiteren:

das einzige Tanzmuseum der Welt mit einer sinnbildlich getanzten Verbindung zwischen Stockholm und Tokio,

das *Estonia*-Monument. In die Wände des bugförmigen Denkmals sind die meisten Namen der 852 Toten der Schiffskatastrophe von 1994 eingraviert; darunter gut fünfhundert Schweden – und Emma, Bertils ehemalige Schulkameradin; außerdem:

das Wasser am Königspalast, wo Bertil schwimmen und anschließend eine der Lachsforellen angeln will, die jedes Jahr für Leute wie ihn dort ausgesetzt werden.

Bevor wir die kuriose Mischung angehen, müssen wir seinen Riesenkoffer in der WG abstellen. Das wird schwerer und schwieriger als erwartet. Zu Caros und meinen Stockholmer Marotten gehört es, dass unsere Haustürschlüssel unbeachtet in der Küche herumliegen. Die Tür zu unserem Block ist wie alle anderen in der Stadt mit einem Sicherheitscode versehen, weshalb wir die Wohnung im vierten Stock nicht absperren und die Schlüssel nur mitnehmen, wenn wir in den Nächten unterwegs sind und sich das Sicherheitskästchen irgendwann abschaltet.

Heute schlägt die Vorrichtung Alarm, als ich den Türcode eintippe.

„Wann hat euer Birger Jarl noch mal Stockholm gegründet oder im Brief erwähnt?", frage ich Lars, der mir diese Eselsbrücke gebaut hat. „1252." – „Mach ich doch", rufe ich und haue entnervt auf den Kasten, woraufhin mir Bertil beruhigend auf die Schulter klopft. „*Ta det lugnt*, Mädchen! Und jetzt lass uns endlich in die gute Stube, dann finden wir schon eine Lösung."

Eine halbe Stunde später sitzen wir tatsächlich am Küchentisch. Eine ältere Dame, die mit ihrem Dackel über mir wohnt, hat uns ins Haus gebracht und die neue Nummer verraten.

„1972, Liebchen, das Jahr, als *ABBA* entstanden ist." Da ich nicht immer bei der Frau klingeln kann, um mich zu erkundigen, wann Agnetha, Benny, Björn und Anni-Frid zueinandergefunden haben, bitte ich meine beiden Schweden um eine Merkhilfe. Lars und Bertil nennen spontan Olof Palmes Zerwürfnis mit den USA (als er die Vietnam-Bombardements mit den Gräueltaten der Nazis gleichsetzte), die Abschaffung der Todesstrafe oder auch Björn Borgs ersten Davis-Cup-Sieg (mit fünfzehn Jahren wohlgemerkt). Alles interessante Beispiele aus der Geschichte, die ich aber im gleichen Moment wieder vergesse. Ich präge mir ein, dass König Carl Gustaf seine Silvia im Türcode-Jahr bei den Olympischen Spielen in München kennengelernt hat. Das kann ich zur Not nachrechnen.

Bertil hat seine Sachen halbwegs im Bad und in meinen Bücherregalen verteilt, als er mit einer ausgebeulten Dose auf mich zukommt. „Ein Stück Schweden für meine liebe Einwanderin." Stolz reicht er mir die Konserve.

Bevor ich weiß, was ich darauf sagen soll, erkennt Lars das hellblaue Etikett mit der Aufschrift *Kallax*, und die friedliche Stimmung ist hinüber. Bertil hat mir *surströmming* mitgebracht, einen vergorenen Ostseehering, mit dessen Gestank er bereits Großteile der Familien Sällström/Albertsson kurzzeitig ausgeschaltet hatte. Sie fielen in Ohnmacht oder mussten sich übergeben, da Bertil heimlich einige Dosen aufgehebelt und sich ein unerträglich fauliges Gas verbreitet hatte. Nun bin ich dran, wie es scheint. Bertil besteht darauf, seine Delikatesse jetzt und hier bei mir zu öffnen. Lars verliert allmählich die Geduld mit seinem Onkel.

„Das Ding soll man nicht in Koffer quetschen, das weißt du genau!"

Wegen der Nachgärung bekommt die Dose ihre aufgeblähte Beulenfigur, und es besteht höchste Explosionsgefahr. Was in etwa los wäre, wenn so ein *surströmming* im Gepäckfach eines Flugzeuges aus den Nähten platzt, kann sich jeder vorstellen. Deshalb hat er keine Reiseerlaubnis. In Deutschland sind schon Mieter fristlos gekündigt worden, weil sie die eklige Tunke im Treppenhaus verteilt hatten. Die Schweden erzählen auch gerne, dass Vögel vor Schreck tot vom Himmel fallen. Vielleicht hat man in meinem Haus pünktlich zur *surströmming*-Premiere den Sicherheitscode geändert, zur Sicherheit eben. Aus Angst vor Anschlägen.

Unser Kompromiss sieht am Ende folgendermaßen aus: Bertil darf seine Dose öffnen, allerdings nur unter dem freien Himmel des Tessinparken zwei Straßen weiter. Lars und ich begleiten ihn hinüber, bleiben aber außerhalb der Gefahrenzone. Der Hering muss vollständig aufgegessen werden, Bertil darf uns jedoch nicht zwingen, ihm dabei zu helfen. Beilagen wie Tomaten und Mandelkartoffeln, die er sackweise im Koffer dabei hat, verspeisen alle gemeinsam im Anschluss in der WG.

So werden wir also Augenzeugen, wie Bertil unter einem blechernen Knall den Deckel von der Konserve reißt, sich kräftig mit Sud vollspritzt und sogleich ein undefinierbar schrecklicher Geruch die Gegend einnimmt. Dank Bertils Kleidung haftet der auch der Wohnung noch an, als Lars bereits einige Tage in London weilt und der Onkel längst wieder auf seinem Hof in der Provinz Unfug treibt.

Ich überlege währenddessen, was Stockholm ausmacht, den Platz in der Welt, der nicht zu meiner Heimat, aber doch zu einem geliebten Zuhause geworden ist. Selbst wenn ich mich noch manchmal fremd fühle: Nirgendwo sonst möchte ich den Alltag verbringen. Wie bloß kann ich dieses Gefühl in mir den Besuchermassen begreiflich machen, die mich in den kommenden Wochen im exotischen Skandinavien überrollen werden und meinetwegen auf ihren Sommerurlaub in Andalusien, Griechenland und Florida verzichten? Ohne mich wären sie nie auf den Gedanken gekommen, hierher zu reisen, geschweige denn hier zu leben. Wo doch in Schweden immer Winter, Nacht oder Mückenplage herrsche – was ich nur so toll daran fände?

Bevor ich das analysiere, widme ich mich meiner momentanen Nummer eins unter Stockholms Attraktionen: dem *rea*. In meiner Anfangszeit hatte ich mich noch gewundert, was mir die gelben und orangefarbenen Schilder in der Stadt sagen wollten. Bis dahin war Rea für mich die Kurzform für Reanimation; mittlerweile ist mit klar, dass *realisation* Ausverkauf bedeutet. Und wenn ich weiter so exzessiv shoppe, dürfte die deutsche Rea bald die notwendige Folge des schwedischen *rea* darstellen.

In den *Nilson*-Läden habe ich einen Schuhtick entwickelt, angesichts der siebzig bis achtzig Prozent Preisnachlass nämlich, der sogenannten Schockpreise, in Kombination mit dem speziellen Design. Ich finde auf den ersten fünf Metern gleich beigefarbene Stiefel aus herrlich weichem Leder mit schwarzem Futter, die man je nach Bedarf bis zu den Knöcheln hinunterkrempeln kann. Langlebig, praktisch, was zum Schmunzeln.

Bestimmt fühle ich mich auch wegen des Schwedendesigns so besonders wohl. Überall erfreuen sich meine Augen an hellen Farben, klaren Formen, großen Fenstern, Möbeln aus Holz und Textilien mit Karos oder Blumenmustern. Hinter den Objekten stecken meistens soziale Ambitionen, sie sind kindersicher, umweltfreundlich und behindertengerecht. Zudem präsentiert schwedisches Design wieder die stille Übereinkunft des gesamten Volkes, das Ergebnis einer Flüsterpost unter neun Millionen: Da bleibt kein Schnörkel, woran man sich schmirgeln könnte. Das Dekor ist schlicht, kein Schnickschnack, die Funktion definiert die Form. Bauhaus grüßt aus Schweden.

Was *Ikea* billig und weniger kreativ nachahmt, stammt aus den Möbelfirmen, die oftmals in der Nähe des Bahnhofs zu finden sind und fabulöse Wohnideen produzieren. Was wäre mein Zimmer ohne den Stuhl von *Gärsnäs*, die Lampe von *Källemo* und den Kleiderständer von *Nola*? Aber allein schon, wenn die typischen *Arla*-Milchtüten, die Tomatensuppe oder *Absolut-Vodka*-Flaschen auf dem Tisch stehen, verkörpern Frühstück, Mittag- und Abendessen (variable Reihenfolge) reinste Pop-Art.

Am Abend sitze ich mit einer Menge Einkaufstüten auf einem Steg bei Munkbroleden auf Stadsholmen. Der Wind spielt mit meinem Haar, und wenn er Pause macht, legen sich die Sonnenstrahlen wie heiße Hände auf meine Wangen. In meinem Rücken rattern die Schnellzüge über die Gleise, und kurz bevor eine *t-bana* in die Station einfährt, erklingt eine Terz, zwei Töne knapp hintereinander, erst tief, dann hell. Ein vertrautes kleines Lied.

Ich blicke abwechselnd aufs Wasser und auf Gamla stan. Ich sehe mein grünblaues Spiegelbild auf dem flach atmenden Riddarfjärden und an Land zimtfarbene Gebäude. Blasse kleine Fische und märchenhafte Türme auf Häusern in Vanille. Die Lunge und das Herz der Stadt.

Hier hat sie begonnen, hier hat die Sache mit Lars begonnen, und hier hat auch meine Liebe zu Stockholm begonnen, dort drüben in den schmalen, stark steigenden oder steil fallenden krummen Altstadtgassen, in denen man im Wintermatsch ausrutscht und sich im Dreck der Regenrinnen abstützt. Die Gassen, in denen man jedes Mal einen neuen Laden entdeckt, der sich lohnt. Stockholm ist, wo einen die Fassaden von Gamla stan mit ihren warmen Farben umarmen und einen der Sog des Wassers irgendwann nicht mehr gehen lässt.

Da sitze ich und sinne über meine Liebe zu Stockholm nach, der von Deutschen erbauten „kleinen Insel auf Baumstämmen". Denke an meine verregneten, stolperhaften ersten Schritte, an mein anfängliches Urteil vom Balkon an der Skeppargatan. Und an jetzt und das Gespür, richtig zu sein. Sitze so nah am Wasser und bin mit einem Mal zutiefst gerührt. *Drama, baby!* Aber meine Güte, was ist diese Stadt schön.

In den folgenden fünfzehn Tagen beherberge ich in sechs sich teils überschneidenden Besuchseinheiten siebzehn Menschen und einen Chihuahua. Feiere zwei Geburtstage, unter anderem den 60. meiner Mutter. Gehe neunmal im *restaurang* essen, besuche sechs verschiedene Museen, eins davon (das Freilichtmuseum Skansen mit den Rentieren und Elchen) allein viermal. Betrete zwei Clubs, elf Kneipen und drei Kinosäle. Fahre viermal nach Vaxholm, zweimal nach Uppsala und unterschreibe fünfzig bis sechzig Postkarten. Spätestens alle vier Tage wasche ich zweimal zwei Trommeln Bettwäsche und Handtücher und belade den Wandschrank im Flur nach einem zwischenzeitlichen Defizit randvoll mit Klopapier. Doch ich bin glücklich – und siebzehn andere mit mir.

Als Erste finden zwei Freundinnen aus Freiburg den Weg in den hohen Norden. Mit ihnen gerate ich sogleich am Kungsträdgården in eine wie immer leicht chaotische Wachablösung, für die sich ein Reitertrupp und die lustig hopsende Garde mit ihren Pickelhauben durch den Mittagsverkehr schieben und meinem Besuch gelebtes *Ta-det-lungt* vorführen.

Es dauert daher ein wenig, bis wir auf den Hötorget gelangen, den Heumarkt, wo wir eine Pause und einen Imbiss einlegen. Unter einem Schwung Stockholmer, die bei einem *smörgås* (einer Schmiergans genannten Stulle) Mittag machen, lassen wir uns auf der Freitreppe nieder. Im türkisfarbenen *konserthuset* in unserem Rücken werden im Winter die Nobelpreise verliehen. Gegenüber stürmen kaufwütige Teenager das Warenhaus PUB, wo Greta Garbo in den Zwanzigerjahren die Männerwelt bereits als Kassenfräulein bezirzte. An den Blumen-, Obst- und Gemüseständen dazwischen überschlagen sich die Stimmen der Marktschreier, die die Melonen derart günstig anpreisen, dass ich kurzzeitig das Gefühl habe, ich befände mich auf einem türkischen Basar.

„Gibt's ja gar nicht: Hier ist Kinderkriegen noch mehr in Mode als in Freiburg", stellt Clara fest, wie wir so ins Gemisch der Altersgruppen und Kulturen blicken, an dem Ethnologen ihre Freude hätten.

Tatsächlich ist der Schwangerschaftsbauch überall. Gerade jetzt, im ohnehin schweißtreibenden Sommer, scheint er sich auf seine finale Größe auszudehnen und Schweden minütlich mit ihm zu wachsen. Mit einer Geburtenrate von 1,8 liegt das Königreich immerhin deutlich über dem europäischen Durchschnitt. Ein Grund dafür ist, dass es Müttern in Schweden im weltweiten Vergleich am besten geht. Wie Marie sind sie relativ gesund, gut ausgebildet und finanziell abgesichert. Damit sich die Papas nicht benachteiligt fühlen, stehen für sie Wickeltische auf den öffentlichen Herrentoiletten. Auch am Hötorget sind bemerkenswert viele Väter zu sehen. Sie haben ihre Babys lässig auf den Bauch gebunden und tunken sie beim Zahlen in die überreifen Pflaumen.

Doch bei 29 Grad im Schatten haben wir bald genug gesehen. Wir packen unsere Badesachen und machen uns auf nach Långholmen, der Sportlerinsel zwischen Södermalm und Kungsholmen, auf der vielleicht hundert Menschen leben. Direkt hinter dem früheren Zentralgefängnis, das heutzutage als Jugendherberge mit original schwedischen Gardinen genutzt wird, führen Sandbänke ins klare Wasser. Wir schwimmen ein paar Runden mit den Gänsen und beschließen später bei Livemusik auf der Veranda des Sommercafés *Lasse i parken*, den Tag mit einer finalen Erfrischung ausklingen zu lassen: in der *Absolut Icebar* am Vasaplan.

Am Eingang der ersten ganzjährigen Eis-Kneipe der Welt stülpt uns ein Barkeeper Polarponchos mit Kapuzen und Fellhandschuhen über, erteilt vierzig Minuten Aufenthaltserlaubnis im Eis und erklärt uns und zwanzig anderen Leuten in einer Schleuse zum Hauptraum, wie wir im Falle erster Erfrierungen die Notknöpfe bedienen. Drinnen schimmern bläulich die Eisziegel von den Wänden. Für sie und das Inventar wurde Wasser aus dem Fluss Torne gefroren, das von besserer Qualität sein soll als normales Trinkwasser. Eiskünstler haben die Tische, die Fernseher, einen Graffitisprayer und die sternförmigen Regale zweihundert Kilometer nördlich des Polarkreises geschreinert.

Dort, im lappländischen Jukkasjärvi, steht auch das einzigartige Eishotel. Es besitzt die Form eines Iglus und eine hauseigene Kapelle, in der zumeist Trauungen abgehalten werden. Statt mit Klapperdosen an den Auspuffen ihrer Cadillacs verschwinden die Paare hier mit Schneemobilen in der Dunkelheit, gehen auf Safari oder zum Eisangeln. Mir gefällt das sehr. Ich bearbeite Lars seit langem, seinen Winterurlaub mit mir in Lappland zu verbringen. Ja, ich will – die fantastischen Nordlichter mit eigenen Augen sehen.

Weniger bekannt, aber nicht minder spektakulär ist das Theater von Jukkasjärvi, ein 2000-Tonnen-Eisblock, wo die Stehplätze mit Fußkissen ausgelegt sind und die Logen mit Rentierfellen, damit die Besucher nicht erfrieren, wenn Hamlet auf Samisch Rache schwört und Macbeth'sche Schlachten mit Eis-Schwertern geschlagen werden. Beide Häuser werden im November hochgezogen, bevor sie im Mai immer wieder in sich zerlaufen.

Auch die Sofas in der *Icebar* sind mit Fellen bestückt, doch wir gesellen uns für einen Cocktail zu den anderen

Gästen an die Theke. Selbst der wird im dickwandigen Eis serviert. Und weil Schweden auf dem „Wodka-Gürtel" liegt, schiebt der Barkeeper hier jede Menge *Absolut* über den Tresen, schwungvoll wie im Wilden Westen, und meist eine rote „Wolfstatze" oder eine blaue „Winterstadt". Mein „Diamantenstaub" stößt dabei einem Eisstock gleich gegen die „Maria im Eis" meines Nachbarn, zieht den Kürzeren und zerschellt am Boden. „Kopfnuss", sage ich ganz *ta det lugnt* und lache meinem Nachbarn zu. Dann erst begreife ich, dass der Deutscher ist und das als Beleidigung auffasst. Da bin ich kräftig ins Klavier getrampelt, wie der Schwede mein Fettnäpfchen umschreiben würde.

Dafür steigt dem humorlosen Herrn mit seiner Bloody-Mary-Variante wenig später die Schärfe zu Kopf. Bei minus fünf Grad Raumtemperatur rinnen Schweißperlen aus seiner Fellmütze, sodass ihm die Umstehenden ihre leeren Gläser reichen, die er sich in seiner Not gegen Mund und Stirn presst.

Der extreme Sommer verflüchtigt sich allmählich. Ohne die vertrauten Leute fühle ich mich ziemlich einsam. Die Ruhe nach dem Besuchersturm. Meine sonst so beschwingte Stadt macht Sommerpause. Die letzten Stockholmer sind aufs Land gefahren, und ich bin allein unter all den Touristen, die die Schärendampfer stürmen. Gunilla, ihr Mann Gustav, Linnéa und Bengt sind am Morgen in ihr Ferienhaus nach Thailand geflogen. Lars sitzt mittlerweile in Hamburg, Caro und Sanne gondeln weiterhin durch Deutschland, Oskar segelt irgendwo vor Göteborg. Elin und Qimmiq genießen die Ruhe im Wald, und auch die Kinder Pollie und Nadine sind für mehrere Wochen bei den Großeltern draußen in der Natur und brauchen mich nicht. Genauso steht es mit den meisten *dagis*-Hunden, die Frauchen und Herrchen zur *sommarstuga* gefolgt sind. Beim Schreiben herrscht Sommerloch. Mein

Sprachkurs liegt auf Eis. Und ich frage mich plötzlich, was ich hier eigentlich verloren habe, in dieser Geisterstadt. Depressionen bekomme ich in Schwedens Hauptstadt nicht im Winter, wenn die Sonne verschwindet, sondern im Sommer, wenn die Freunde davonlaufen.

Ein einziger Leidensgenosse ist mir geblieben, der die unheimliche Ruhe erträglicher macht und mich sehr gerne aufheitern möchte, wie er betont. Ich entdecke Anders weit hinten an einem Tisch im *Café Rosengården*, das so idyllisch in den Innenhof des Historischen Museums eingebettet ist, dass Anders' Miene gar nicht dazu passen will. *Oj, oj, oj*, offensichtlich hat selbst er mittlerweile miese Laune.

„Dass ich nicht lache!" Ohne mich zu begrüßen, schlägt er mit dem Handrücken auf die rechte Spalte seiner Tageszeitung: „Weißt du, wo die glücklichsten Menschen der Welt wohnen sollen?"

Ach, keine Ahnung. Stockholm fand ich jedenfalls schon lebenswerter.

„Kopenhagen!" Er hatte nicht auf eine Antwort gewartet. Stattdessen schiebt er mir die Zeitung herüber, damit ich mich von dieser Ungeheuerlichkeit überzeugen kann. „Kopenhagen", sagt er noch einmal ungläubig, „und wir Stockholmer: auf Platz sieben."

Nachdem ich den Bericht studiert habe, kapiere ich, was so furchtbar daran ist, in der objektiv siebttollsten Stadt der Welt daheim zu sein: all die Städte und glücklichen Menschen, die sich vor Stockholm gedrängt haben. Helsinki auf Rang fünf. Solche Vergleiche zu verlieren, bekommt einem Schweden überhaupt nicht. Die Nachbarn sind in Ordnung, gute Kumpel – solange sie nicht zu aufmüpfig werden. Dass sie einen nun um das Glück bringen wollen, das ist ein Affront!

„*Danskjävlar*, dänische Schweinehunde", schimpft Anders, und ich werde angesichts seines Lamentierens noch übellauniger. „Komm, *ta det lugnt!* Was ist denn nun die versprochene Überraschung für unglückliche Menschen wie mich?"

Eine halbe Stunde später stehe ich im Fahrerhäuschen einer *t-bana* und bremse den blauen Koloss von acht Waggons im Bahnhof Bagarmossen. Zum Trost gegen das Alleinsein hatte sich Anders überlegt, mich zu seiner Arbeit mitzunehmen. In Stockholm ist es ein beliebter Studentenjob, eine Untergrundbahn zu führen. Jeder, der in der Lage ist, ein Auto zu steuern, kann sich zum *t-bana*-Fahrer einweisen lassen – und das tun, was ich gerade tue. Anders sitzt derweil auf dem Fahrerstuhl schräg vor mir und begutachtet angespannt, dass ich nicht die roten Knöpfe für eine Notbremsung drücke. Und so rasen wir gemeinsam auf der grünen Linie über den Gullmarsplan hinein in die Innenstadt.

Weil keine Spiegel an den Bahnsteigen hängen, steigt Anders bei den meisten Stopps mit einem gelockten Telefonkabel aus, macht Ansagen auf Schwedisch und überzeugt sich persönlich davon, dass alle Fahrgäste, die sich ihm anvertrauen, auch gut den Weg über die Schwelle und durch die Türen schaffen. Allerdings kann es durchaus vorkommen, dass er vergisst, die Türen an einer Station zu öffnen, sagt er.

Heute passiert das nicht. Ich bin deutsch, pünktlich und zuverlässig.

„Vielleicht kannst du dich beim Einfahren in die Stationen ducken, damit dich nicht jeder sieht", meint mein Tandempartner irgendwann: „Ich weiß nämlich nicht, wie so was bei den Kollegen ankommt. Ich hätte dich anmelden müssen, glaube ich." Ich soll blind bremsen? Und das sagt er mir jetzt, nachdem ich bei Slussen zwei entgegenkommenden *t-bana*-Fahrern enthusiastisch zugewinkt habe?

Das verschweige ich besser und lasse mir stattdessen auf meiner letzten Tour zwischen *Gamla stan* und *t-centralen* eine Vorrichtung zeigen, die dafür sorgt, dass die Passagiere im Falle eines Wassereinbruchs geschützt sind. Die Altstadt liegt deutlich höher als der Hauptbahnhof, und es wäre denkbar, dass der Verbindungstunnel wegen des starken Gefälles rasant mit Wasser vollläuft. Dafür sind zwei riesige Stahltüren in den Tunnelwänden verankert, die im Falle einer Flut die *t-bana* von vorne und hinten umschließen und so sicherstellen, dass alle Schäfchen im Trockenen bleiben. Zumindest in der Theorie.

„Keine Ahnung, ob das wirklich funktioniert. Ist noch aus dem Zweiten Weltkrieg." Wenn ich nicht wüsste, dass Anders einer der vertrauenswürdigsten Menschen überhaupt ist, würde ich künftig den Bus nehmen.

Dann ist Endstation für mich. Aber da ich wenigstens am Hauptbahnhof einen internationalen Touch einfordere, folgt mir Anders nach draußen zu einem Sprechkasten und verkündet in akzentfreiem Deutsch, was wir geübt hatten: „Achtung, die Türen schließen!"

Das Adrenalin der Fahrt gibt mir tagelang emotionalen Auftrieb.

Endlich und etwas verspätet kommt das *kräftskiva*, das große Krebsessen, das Onkel Bertil wie vielen Schweden sehr am Herzen liegt. Angesichts der tristen Phase in Stockholm bin auch ich ganz aus dem Häuschen, wohlbekannte Gesichter zu sehen. Daher wäre ich sogar allein zu Lars' Familie in die Prärie gefahren. Umso mehr freue ich mich aber, als mich am Vorabend jemand vom Flughafen Fuhlsbüttel aus anruft und verkündet, es sei ihm gelungen, früher ins Wochenende zu starten und einen Flug zu bekommen.

Es ist fast wie an Mittsommer, als Lars und ich in einem Golf übers Land tuckern, vorbei an Elchschildern und endlosen Birkenwäldern, und mutmaßen, was Bertil so alles geplant und gebrannt hat. Diesmal parken wir vor dem Haus der Albertssons, einem pastellgelben Holzgebäude mit unzähligen angrenzenden pastellgelben Schuppen. In einem, der innendrin aussieht wie eine Greta-Garbo-Gedächtnisstätte, entdecken wir Bertil, der im Begriff ist, einen Bastkorb mit Schnapsflaschen zu beladen.

Als er uns erkennt, hält ihn nichts mehr. Wir werden gedrückt, geküsst und ein wenig mit der weißen Farbe bekleckert, mit der Bertil kurz zuvor die Fensterläden nachgestrichen hat. Schließlich muss alles perfekt sein. Seit der Wiederkehr aus Stockholm hat Bertil seine Frau Elsa damit verrückt gemacht. Da sie versucht hat, seinen Wünschen halbwegs nachzukommen, biegen sich im Garten die Tische unter dem Essen, das uns Bertil als sein alleiniges Werk verkaufen möchte. „Bei Gastfreundschaft", flüstert er mir zu, „verstehe ich keinen Spaß!" Dann empfiehlt er sich und verschwindet ins Haus, um sich für den Festschmaus herauszuputzen.

Währenddessen füllt sich der Garten. Lars' Eltern kommen mit Beerenkuchen um die Ecke, Schwester Malin mit einem erkennbaren Schwangerschaftsbauch und Bruder Stig mit einem Bündel *kubb*-Hölzer. Offenbar steht ihm der Sinn nach Revanche. Alle gegen eine.

Die Stimmung ist ausgelassen – und kocht über, als Onkel Bertil die Veranda betritt und zur Bühne macht. Er trägt ein Lätzchen, das man eher einen Latz nennen sollte, da es den vollen Umfang seines Oberkörpers abdeckt. Er ist der einzige dicke Mensch, den ich in der schwedischen Wildbahn gesehen habe, von Gunillas Kundschaft einmal abgesehen. Auf diesem Latz jedenfalls jonglieren grinsende Krebse. Und das soll noch nicht alles gewesen sein. Bertil vergewissert sich unserer Aufmerksamkeit und klatscht gegen ein schwarzes Etwas in seiner Hand, das zu einem Zylinder auseinanderspringt. Gönnerhaft eröffnet er das Krebsbuffet und ermahnt jeden dazu, ein Papierhütchen aufzusetzen und alles zu essen, was nur irgendwie Platz habe. Er weiß, wie man sich in Szene setzt.

Wie immer bei solchen Festen wird viel und viel Verschiedenes verdrückt. Allen voran die Krebse, die eigentlich das ganze Jahr über erhältlich sind. Diese aber hat Bertil in den Nächten mit *surströmming* geangelt, das erzählt er zumindest. Auch Lars' Vater ist der Meinung: „Einem echten Schweden schmecken Krebse nur in der *säsong*."

Seit Monatsbeginn sind die Zeitungen vollgestopft mit Testberichten über das diesjährige Angebot, Rezepte von Prominenten und Benotungen des Geschmacks in ausführlichen Skalen. Ich kann mir nicht helfen: Die Vorstellung, den Tieren die Scheren abzudrehen und aufzubeißen, Gelenke und Panzer zu knacken, um dann den Darm zu entfernen, gefällt mir nicht. Bertil hingegen schlürft genüsslich, während ihm die Dillsoße übers Kinn läuft. Dann rupft er den Schwanz vom nächsten Tier und spritzt Elisabet den Saft aus dem Fleisch in die Augen. Nach einem Höflichkeitshappen meinerseits, zwei Krabben als freundliche Zugabe und einem Bissen vom eingelegten Hering für Bertil labe ich mich an einem *västerbottenpaj* (einer Art herzhaften Käsequiche). Da der Onkel der Chef ist, wird noch deutlich mehr getrunken als gegessen. Zudem hat er seine Gitarre vom Speicher geholt, um mir neue Trinklieder beizubringen. Darin veräppeln wir den Teufel und preisen meistens die Kartoffeln.

Heimlich verdünne ich meinen Birnenschnaps, und als Bertil schon auf Lotta schlummert, seiner Schlafcouch im Wohnzimmer, und so laut schnarcht, dass das Birkenlaub zittert, genieße ich weiter die gesellige Runde und den klaren Sternenhimmel.

september

STOCKHOLM HÄLT SOMMERSCHLAF, und ich bin chronisch unterbeschäftigt. Um aber nicht in deutsche Jammerei abzugleiten, raffe ich mich frühmorgens auf und genehmige mir ein Frühstück im *Café Valand* an der Surbrunnsgatan, wo der Kaffee derart stark ist, dass ich den ausliegenden *Stern* schnell auslese und mich meinem eigentlichen Vorhaben widme: den Vorbereitungen für die Prüfung im Schwedischkurs Mitte Oktober. Was ich vorbereiten soll, weiß ich nicht so genau. Ich kenne nur den Bereich, über den wir in kleinen Gruppen je eine Stunde mündlich getestet werden: Gesundheit. Es wäre nicht schlecht, hatte Sverker gemeint, wenn wir Szenen beim Arzt, in der Apotheke und im Krankenhaus durchspielen würden.

Ich frage mich also, wo die nächste Apotheke liegt, suche im Stadtplan nach der Antwort und bitte eine fiktive Apothekerin um Hustensaft. Nebenbei stippe ich das Croissant in den Kaffee und durchkämme das Wörterbuch nach den wichtigsten Begriffen. Doch weit komme ich nicht. Am Nebentisch verhandelt Café-Besitzer Stellan mit einem Regisseur über die Drehzeiten in der Folgewoche. Das finde ich eindeutig spannender als meine plötzliche Blinddarmentzündung und einen komplizierten Knochenbruch.

Das *Valand* muss nicht selten als Kulisse für Kinofilme herhalten. Die trapezförmigen Regale, lehnenlosen Stühle, roten Lampenschirme und eine Leuchtreklame im Holzverschlag um mich herum versprühen den Charme der Fünfzigerjahre. In diesem Salon der Nostalgie mit Milch in Silberkännchen erlauben Jalousien an einer Trennwand, sich wie in alten Gangster- oder Polizeistreifen von ungebetenen Gästen abzuschotten. Glasklar, dass da die Produzenten bei Stellan anklopfen.

Der hat sich überreden lassen. Im Film wird er wieder kurz zu sehen sein. Die geplante Explosion hingegen ist gestorben. Das Café steht seit langem unter Denkmalschutz. „Da müsst ihr euch was anderes einfallen lassen", sagt Stellan, zuckt mit den Schultern und klemmt sich wieder hinter seinen Tresen. Heute geht die Kundschaft vor.

„Påtår? Soll ich dir nachfüllen?", fragt er auf Deutsch in meine Richtung.

Ich schüttle den Kopf, mit Kaffee bin ich noch versorgt. „Aber vielleicht eine *bulle* mit extra Zimt?" Ich spreche wie immer Schwedisch mit ihm. So wollen wir unsere Sprachkompetenz schulen. Ob Stellan mit mir auch über verstopfte Nebenhöhlen diskutieren möchte?

Auf jeden Fall verbringe ich die *fika* alles andere als allein. Mein E-Mail-Fach ist voll. Lars hat mir das Lied „Nothing Like You And I" von den Perishers geschickt. Nordschwedischer Indie-Pop, der sich gut anhört und gut anfühlt. Dank Lars bin ich in Sachen Musik eine echte Schwedin geworden, die jeden zweiten Abend einem Konzert der wunderbaren Liedermacher und Gruppen aus dem Land von *ABBA, Roxette* und Zarah Leander beiwohnt. Anna Ternheim, Thåström, Laleh, Marit Bergman, Lykke Li, Kent und Annika Norlin (alias *Säkert!* sowie *Hello Saferide*) sind nur einige, die mich auf den Bühnen der Stadt emotional umgeblasen haben. Stellan tanzt derweil vor der Kaffeemaschine zu *Man Must Dance* von *Johnossi.*

Schweden sind eine spezielle Spezies, was Musik angeht. Sie fördern die Künstler, indem sie pro Kopf mehr Musikaufnahmen kaufen als irgendeine andere Nation. Sie bringen Freude, wenn sie für andere Länder den Eurovision Song Contest gewinnen, wie etwa 2005 für Griechenland. Und sie sind ungemein erfolgreich: Schweden ist die drittgrößte Musik-Exportnation der Welt (nach den USA und Großbritannien). Über diese Dimension war ich mir vor meiner Einreise nicht im Klaren. Musikalität liegt dem Volk in den Genen; an jeder Ecke und zu jeder Gelegenheit wird gesungen, und schon allein Rhythmus und Melodie der Sprache kreieren täglich neue Ouvertüren für meine Ohren.

Für die schmieden schwedische Komponisten und Produzenten leider auch den Elektro, der in den Clubs und Kaufhäusern rauf- und runterdudelt, Hitsongs wie Britney Spears' „Baby One More Time" und ähnlich nervige Arrangements für Madonna, Jennifer Lopez oder Take That. Doch davon einmal abgesehen, zahlen sich die jugendorientierte Sozialpolitik, ein größtenteils englischsprachiges Fernsehen und die Neigung der Schweden, sich für Trends und Unbekanntes zu begeistern, aus. Spätestens seit Alfred Nobel sind Experimente hoch erwünscht.

Caro hat mir geschrieben, dass sie in zehn Tagen nach Kopenhagen fliegen wird, da sie in Malmö zu einem Bewerbungsgespräch eingeladen ist. *Oj då!* Ob ich nicht Lust hätte, sie dort abzuholen und ein wenig ans Meer zu fahren? Das natürlich liebend gerne! Um vielleicht noch ein bisschen Geld rauszuschlagen, schreibe ich den Kollegen eines Münchner Hundemagazins, die sich oftmals für ungewöhnliche Geschichten begeistern können. Etwas verwundert öffne ich daraufhin die E-Mail aus einer Online-Redaktion, für die ich während des Studiums getextet hatte. Es ist – ein Jobangebot! Ein ziemlich gutes. Jemand gehe für ein Jahr in Mutterschaftsurlaub, heißt es, und ich sei richtig für den Posten. Falls ich Interesse hätte, müsste ich bis Weihnachten Bescheid geben. Sonst würde die Stelle offiziell ausgeschrieben.

Du liebes Bisschen! Meine Entspannung ist dahin. Neue Jobs für Caro und mich? Ach, was sage ich – völlig neue Leben bei Bedarf! So ein Angebot darf ich nicht ablehnen, das ist klar. Aber aus Stockholm wegzugehen, ist undenkbar. Nein, das geht nicht. Oder doch? Wieder Kollegen und Trubel am Arbeitsplatz zu haben, statt allein in den Rechner zu tippen, lockt mich ungemein. Würde Caro die Stadt verlassen? Was soll ich tun?

Nach einem weiteren starken Kaffee und gutem Zureden von Stellan beschließe ich, Interesse zu bekunden. Sonst erzähle ich niemandem von meiner potenziellen Landflucht. Für Januar buche ich einen günstigen Flug, den ich zur Not sausen lassen oder für einen Besuch in der Heimat nutzen kann. Entscheidung vertagt.

Was für ein Vormittag! Mittlerweile liegt auch die Antwort des Hundemagazins vor. Solch unverfängliche Sachen, die Geld und Spaß, aber mein Leben nicht aus dem Tritt bringen, sind mir eindeutig lieber. Die Redakteurin schreibt mir ihren Themenvorschlag, der mit den Worten endet:

Bitte viele Bilder. Deadline 22. / Pauschale 300 €. Einverstanden?

Meine Reise ans Meer ist gesichert.

Auch dieser Nachmittag steht im Zeichen des Hundes. Mit der Rumpfbesetzung der *dagis* spaziere ich an den ausländischen Botschaften und der Südkante des Ladugårdsgärdet entlang, bis wir an *Lilla Sjötullsbron*, der kleinen Seezollbrücke, auf die Insel Djurgården wechseln. Die Skulpturen und Blockhausviertel an deren Ostufer sehe ich zum ersten Mal. Hunde sind großartige Stadtführer.

Wir sind gut drei Stunden unterwegs, als uns bei den Hagebuttensträuchern nahe der Manilla-Schule eine blau gekleidete Joggerin überholt, die ihren Jack Russell mit Halstuch und Leine farblich perfekt auf sich abgestimmt hat. Der mischt sogleich unsere Hunde auf. Es ist Kumpel Zorro, der die Tage zumeist in der *dagis* verbringt. In letzter Zeit stand er unter Hausarrest, da er seinen implantierten Kastrierchip verloren hatte und ständig versuchte, alles auf zwei bis vier Beinen zu begatten.

Ich erlebe derweil ein rätselhaftes Déjà-vu. Nach meiner peinlichen Ignoranz gegenüber Bürgermeister Bo hatte ich mir die Gesichter der Stockholmer Prominenz eingeprägt. Leider kann ich die Joggerin unter ihrer Baseballkappe nur schwer ausmachen. Dennoch glaube ich zu wissen, zu wem der blonde Pferdeschwanz und die hellen Augen im gebräunten Gesicht gehören. Die junge Dame selbst kündigt Annika an, den nun wieder kontrollierbaren Zorro ab Montag in die *dagis* zu geben.

„Ach, und könnte ihn einer von euch schon am Wochenende nehmen?" Jetzt schaut sie endlich auch kurz zu mir: „Ich muss nach Australien." Annika lächelt und versichert, das sei überhaupt kein Problem. Dann spurtet die Unbekannte davon und der wuselige Zorro hinterher.

Als wir die in der Nachmittagswärme schnaufenden Hunde in die *Ryssviken*-Bucht zum Baden schicken, setze ich mich zu Annika auf die Felsen in der Böschung. Ich frage direkt, weil ich meine Neugier ohnehin nicht lange bremsen kann. Annika fühlt sich überrumpelt, blinzelt schweigend in die Sonne, bestätigt dann aber meinen Verdacht. Kronprinzessin Victorias kleine Schwester Madeleine macht gerne ausgedehnte Läufe über Djurgården. Allein und inkognito. Ich bin begeistert. „Aber psst!" Annika legt den Zeigefinger auf den Mund. „Das mit der Prinzessin und uns ist eine sehr diskrete Sache, erzähl das nicht gleich jedem!"

An diese Normalität im Umgang mit König & Co. jedenfalls werde ich mich nie gewöhnen. Man stelle sich vor, die Queen radle einem ohne Sicherheitsgefolge auf der Tower Bridge entgegen oder man werfe mit Prinzessin Caroline Jetons über die Roulette-Tische von Monte Carlo.

Meine Anpassung hört dort auf, wo die Einsamkeit beginnt. Nach 233 Tagen in einem Land, das ich liebe, befällt mich unbändiges Heimweh. Ich habe Sehnsucht nach meiner Familie und den engsten Freunden in Deutschland. Am Bahnhof von Vimmerby lasse ich mich an einem Backsteingebäude nieder, schlucke ein paar Tränen und krame mein Handy hervor. Das einzig Gute ist, dass man sich selbst in den hintersten menschenleeren Sphären der schwedischen Wildnis auf glänzenden Empfang verlassen kann.

Im Auftrag eines Reiseführers habe ich mich durch die kommerzielle Astrid-Lindgren-Welt in der Region Småland gequält, ein Freizeitpark etliche Stunden südlich der Hauptstadt, der der Schriftstellerin garantiert nicht gefallen hätte. Eine Pippi-Darstellerin, die aussah wie ein Funkenmariechen, und eine völlig überdrehte Madita, die neben mir mit Sirenengeheul vom Dach sprang, schändeten die Heldinnen meiner Kindheit.

Nun stehe ich in dieser Miniaturausgabe eines Dorfes und bin gefangen in völliger Verlassenheit. Der nächste Zug geht in vier Stunden, die Straßen sind leer, die Stille ist erdrückend. Was an einem Nichts im Nirgendwo soll bitte so wunderbar erholsam sein?

Mein Herz hüpft, als endlich die Vimmerby-Leuchtreklame vor meinem Zugfenster zurückbleibt. Das Ruckeln und Zuckeln dauert allerdings nur dreißig Minuten, dann plötzlich: ein dumpfer Knall.

„Liebe Passagiere, wir sind gegen einen Baumstamm geprallt. Nicht dass ihr euch wundert. Bitte geduldet euch, wir finden eine Lösung." Verständnisvolles Nicken der Schweden um mich herum. Sie sind das personifizierte *Ta-det-lugnt* und blättern genügsam in der Zeitung. Ich könnte mittlerweile in die Luft gehen wie das HB-Männchen. Eine Frau in meiner Nähe scheint es zu ahnen und versucht mich zu beruhigen: „Hier gibt's Millionen Bäume, da kann schon mal einer umfallen." Ich blicke aus dem Fenster. Ich sehe: völlige Windstille.

Die folgenden sechs Stunden in der Zusammenfassung:
Eine entgegenkommende Bummelbahn ist in selber Mission
unterwegs und rummst gegen einen weiteren Holzbalken.
Beide Gefährte sind nur mehr in der Lage, rückwärts zu fahren. Der Lokführer schlägt den Passagieren spontan einen
Zugtausch vor. Lachen und Klatschen in meinem Abteil. Allmählich bekomme ich Angst vor den Leuten. Ich stapfe also mit zwanzig Fremden querfeldein über sumpfige Wiesen.
Uns entgegen waten Menschen, die es sichtlich locker nehmen. Merke: alles Schweden, keine Deutschen.

Die Uhr zeigt nach eins, als mein Zug die *centralbron*
zum Stockholmer Bahnhof überquert. Ich bin unendlich
dankbar, die Spitze des *stadshuset* wiederzusehen, die wie eine Krone golden schimmert. Tatsächlich erwische ich noch
die letzte *t-bana* in einer Stadt, die mir nun im Vergleich
quicklebendig vorkommt.

Gunilla ist die erste Rückkehrerin. Dass sie da ist, erfahre
ich, als ich den Morgen mit *TV3* beginne und stutze, weil
darin eine mir unbekannte Frau durch ausgerechnet unseren Hauseingang schlendert und dabei gefilmt wird, wie sie
bei meiner Vermieterin klingelt. Gunilla öffnet mit Reklamelächeln die Tür und bittet herein. Fremd wirkt sie und ein
wenig wie ein Filmstar – vielleicht, weil ich sie lange nicht
gesehen habe. Ich vermute aber, es liegt eher daran, dass sie
meinetwegen noch nie Make-up aufgelegt hat.

In der nächsten Sequenz sitzen die Frauen an Gunillas
spitzengedecktem Wohnzimmertisch. Die Plastikhussen sind
verschwunden. Der Videotext verrät mir, in welcher Sendung
ich mich befinde: *Du är vad du äter* („Man ist, was man isst").
Demnach wäre ich momentan Pizza vom Vorabend. Um zu
sehen, was die Frau im Fernsehen isst und ist, stellt Gunilla
sie auf die Körperfettwaage, auf der Caro und ich sonst das
Fluggepäck wiegen. Unsere Vermieterin scheint als Essthera

peutin eine große Nummer zu sein. Sie berichtet, dass sie schon seit Jahren komplett ohne Zucker auskomme. Als Bengt noch im Anzug hereinspaziert und den Zuschauern Kochtipps gibt, ist die Farce perfekt.

Tausche Fahrrad gegen Fisch und die „Costa de Stockholm" gegen die „Playa de Malmö". *Sveriges Järnvägen*, die schwedische Bahn, hat sich kreativ verausgabt, um den Urlaub im eigenen Land zu bewerben. Die Assoziationen passen; ein neuerliches Hitzehoch hat Südschweden im Griff. Alternative Reiseziele sind „Göteborg-sur-Mer", der „Lago di Östersund" oder „Luleå al mare". Doch ich bleibe bei Schonen und freue mich auf Caro und das Meer.

Zwischen uns und dem Sand zwischen den Zehen liegt nur noch ein Minimum an Arbeitsethos. Caros Bewerbungsgespräch in einem Tourismusbüro verläuft vielversprechend, und ich beweise für das Hundemagazin schnell, dass Schweden tierlieber als Dänen sind. Zu mir sind alle gleich nett im bunten Neuen Hafen in Kopenhagen und im Möllan, einem Multikulti-Stadtteil von Malmö. Die Wahrzeichen hüben und drüben könnten unterschiedlicher nicht sein. In Dänemark sitzt eine Meerjungfrau nackt, voller Fernweh und etwas beschämt vor unzähligen Japanern am Wasser. Der *Turning Torso* auf schwedischer Seite hingegen strotzt vor Modernität und Selbstbewusstsein – genauso das angrenzende *Bo 01*, ein Viertel höchster Architektenkunst. Charakteristische Selbstbilder zweier Nationen, die an dieser Stelle des Öresunds gerade einmal eine halbe Stunde Zugfahrt trennt.

Genau dort, wo sich die bekannte Schrägseilbrücke vom schwedischen Terrain über das Grenzwasser zum europäischen Festland stülpt, treffe ich Caro wieder. Sie hat ein Picknick und Josefine dabei, eine Schwedin aus Malmö, die sie natürlich in der Schweiz kennengelernt hat. Wir essen dänisches *smørrebrød*, versuchen die Nistkästen für Wanderfalken auszumachen, die die Schweden an den Brückenpfeilern installiert haben, und blicken auf die Segelboote vor dem Panorama Kopenhagens, unter denen wir statt Tretbooten „Trampelboote" zu erkennen glauben. Mit Schwedisch im Hinterkopf ist Deutsch für uns alle eine Herausforderung.

Tags darauf sitzen Caro und ich an der endgültigen Südspitze des Landes im Strandsand, frühstücken Käse aus der Tube und die Scheiben sirupsüßen Brotes, die der Wind nicht in die Dünen weht. Das Meer ist noch eisig, aber wir können es nicht lassen und tunken unsere Zehen hinein, bevor wir die Kleinstadt erkunden, die den meisten Deutschen nur zu gut bekannt ist. Die gebogenen Gässchen mit den niedrigen Häusern, an denen Malven- und Rosensträucher blühen, schaffen den perfekten Kontrast zu den Morden, die Henning Mankells Figur des Kommissars Kurt Wallander in Ystad aufzuklären hat.

Auch wir entlarven Ungereimtheiten, unter anderem die, dass der Eingang zu Wallanders Wohnung an der Mariagatan in Wahrheit ins Nachbarhaus führt, wo wir spontan zur Familien-*fika* eingeladen werden und erfahren, dass in der *cinetek* am Ortsrand Führungen durch die Filmstudios abgehalten werden. Dafür sind wir spät dran. Doch ein junger Mann bringt uns direkt in die Kulissen, wo wir auf die übrigen Teilnehmer der Tour warten dürfen – wobei warten vielleicht nicht der richtige Ausdruck ist für das, was Caro und ich veranstalten: Wir lesen den Beginn eines neuen Manuskripts, veranschaulichen die Strategie des Mörders auf dem Flipchart und legen am Ende Polizeiuniformen und die Waffen aus den Vitrinen an.

Wohl zur Strafe müssen wir am Abend die vom Tourleiter empfohlene Rundfahrt auf einem Feuerwehrauto über uns ergehen lassen, die er als romantischen Stadtspaziergang angekündigt hatte. In dieser Touristenfalle mit deutschen Megafon-Ansprachen tuckern wir an belustigten Schweden vorbei zu Schauplätzen, wobei sich die Führerin nie sicher ist, in welchem Haus sich in welchem Buch was ereignet haben soll. Ich will mich vom Wagen stürzen, aber Caro hält mich davon ab.

„Wir haben noch eine gemeinsame Mission", beschwört sie mich.

In Stockholm machen wir uns an die Planungen unserer beiden Geburtstage. Für das originale Schwedengefühl marschiere ich an Caros Jubelfest frühmorgens mit einem Tablett zu ihr ins Zimmer, auf dem eine Kerze brennt und die heiße Schokolade auf ein Nutellabrot schwappt. Dazu singe ich *Ja, må hon leva*. Hundert Jahre soll und wird Caro demnach alt werden. Bei den Geburtstagspraktiken mitten in ihrer Tiefschlafphase bin ich mir dessen nicht so sicher. Spätestens zu meinem vierfachen *hurra!* ist sie hellwach und den restlichen Tag wie gerädert. Ein paar Tage später wiederholt sie das Trara in meinem Zimmer.

Am Samstag darauf können wir tatsächlich mit allen Freunden feiern. Sie haben pünktlich in die Stadt zurückgefunden. Vor lauter Freude haben wir uns zu einem Fest in der WG überreden lassen, ganz dezent, ganz *ta det lugnt!* Wir sollen etwas Deutsches kochen, forderten die Schweden unisono. Dabei sind Caro und ich vollkommen schwedisch, was das Kochen anbelangt – das heißt: Der Herd bleibt kalt. Wenn uns der Hunger plagt, genehmigen wir uns ein *dagens rätt*, ein Mittagessen zur Wahl, zu dem ein Getränk, Salat, mehrere Brotsorten, Kaffee und Wasser gehören und das meist um die sechs Euro kostet. Angesichts der Lebensmittelpreise, Qualität und Zeitersparnis ein echtes Schnäppchen, finden wir.

Aber gut. Wir kochen. Wir kochen deutsch. Zuerst aber grübeln wir. Currywurst, Spätzle, Obatzda, Pinkel, Sauerkraut, Schweinebraten, Apfelstrudel? Was ist deutsch, deutsch für alle Deutschen und für alle Schweden? Caro und ich liegen uns bei der Debatte ständig in den Haaren, weil sie mein Essen österreichisch findet und sie kochen will wie eine Tschechin. Wir vertagen die Entscheidung.

Wie ein Geschenk des Himmels erreicht mich da das Geschenk der Sällströms. Ich bin gerührt, dass Lars' Eltern überhaupt an mich gedacht haben – und sich auch noch daran erinnern konnten, dass ich zwischen all den Schnapsliedern bei den Landpartien ein Loblied auf die schwedischen Pilze und Beeren angestimmt hatte. Die Früchte des Waldes sind hier oben einfach irrsinnig groß, geschmacksintensiv und vielfältig. Im Paket finde ich einen Riesenschwung sorgsam eingewickelter *karljohan*, Steinpilze, die Elisabet und Johan gesammelt haben. Sie müssen Tage damit zugebracht haben. An eine Pilzbürste sind Glückwünsche und Rezeptvorschläge geheftet, die auch auf die Blaubeeren, Himbeeren, Moltebeeren, Preiselbeeren und Stachelbeeren abgestimmt sind, die sich darunter in Tupperboxen stapeln. *Toppen!*

Damit löst sich die Essensfrage. Ein Großteil der Beeren wird zu klassischem *paj* verbacken oder in eine *pannkakstårta* eingebaut, einen Pfannkuchenberg, den ich aus Nadines *Pettersson-och-Findus*-Büchern kenne. Zu den Pilzen machen wir Semmelknödel, Kartoffelpuffer, Schnitzel und eine Reihe Sommersalate. Am Mittag mischen sich unsere Gäste ihre Teller so, wie es ihnen beliebt. Glücklicherweise sind Schweden ganz vernarrt auf kuriose kulinarische Eigenkreationen am Buffet.

Irgendwann beim Geburtstagsschmaus jubelt mir Lars einen Briefumschlag unter, auf dem ein Rabe einen Zylinder trägt. „Hat das was mit Bertil zu tun?" Ich muss lachen. Der schrullige Onkel hatte mich vor wenigen Tagen angerufen, kommentarlos *Ja, må hon leva* gesungen und aufgelegt.

Doch ich liege falsch. Lars hat mir den heutigen Abend geschenkt und die Freunde eingeweiht. Wir spazieren hinunter nach Gröna Lund, dem „grünen Hain" auf dem ohnehin schon grünen Djurgården. Er meint wohl, mit dem ältesten Rummel Schwedens könne er das Herz einer Frau erobern, die auf die dreißig zugeht – und Recht hat er. Seit ich gelandet bin, zieht es mich zu dem schmalen Turm, der in Stockholms Silhouette rötlich blinkt. Bislang wollte mich keiner beim *Fritt fall tilt* („Freien Fall in den Tod") begleiten. Doch heute herrscht Gruppenzwang.

Der liebevoll *Grönan* genannte Volkspark lockt selbst die Stars des Musikgeschäfts an. Auf der *stora scen*, der Freilichtbühne, hat schon Louis Armstrong gesungen und gespielt, Paul McCartney, Ella Fitzgerald, Ray Charles und Eric Clapton. Den Besucherrekord hält Bob Marley, für den sich 1980 in mir unerklärlicher Weise 32 000 Besucher zwischen die Fahrgeschäfte des nicht sonderlich großen Tivoli gequetscht haben. Den sagenumwobensten Auftritt aber lieferte Jimi Hendrix, der 1967 hier spielte und spielte und wegen der atemberaubenden Atmosphäre gar nicht mehr aufhören wollte. Weil Schweden aber Schweden sind und Gleichberechtigung ein unverletzliches Gut ist, hatte der damalige Rummel-Chef Ove bald Mitleid mit den Besuchern, die nicht oder nicht nur wegen Hendrix gekommen waren. Um Achterbahnen oder Karusselle fahren zu dürfen, mussten sie sich bis zum Ende des Konzerts gedulden. Schließlich entschied Ove: „Gröna Lund war immer für alle da!" – und zog dem legendärsten Gitarristen aller Zeiten einfach den Stecker.

Weil *Grönan* für alle da ist, gibt es die Fahrgeschäfte in jeder Größe, für jedes Alter. Als Vorbereitung für den *Fritt fall tilt* stürzen wir uns also von den kinder- und jugendfreundlichen Versionen. Noch größere Faszination aber üben die Achterbahnen auf mich aus, da die Gerüste der verschiedenen Fahrgeschäfte waghalsig ineinander verschlungen sind, was der Konstruktion in etwa die Übersichtlichkeit eines Wollknäuels verleiht. Ich muss wissen, ob das funktioniert und ob ich es überlebe.

Beim Einsteigen werden wir von einem Sicherheitsmann gebeten, unsere Wertsachen auf eine Plattform zu legen, auf die wirklich jeder *Grönan*-Gast Zugriff hat. Ich gucke skeptisch. „Sonst purzelt dir womöglich oben dein Handy aus der Tasche, und dann ist es weg", versucht er mir dieses eigenartige Sicherheitskonzept nahezubringen.

Analog dazu liegen in den Cafés der Stadt auch gerne die dicksten Portemonnaies auf verwaisten Tischen direkt am Ausgang; ihre Besitzer könnten sie ja sonst bei ihren halbstündigen Telefonaten versehentlich in der Toilette versenken. Die Einzige, die beim Hinschauen stellvertretend Ängste aussteht, bin ich. Hinschauen ist im Fall der Achterbahnfahrt nur sehr eingeschränkt möglich, doch wider Erwarten bleibt alles, wo es ist, und ich schäme mich wieder ein bisschen für mein unbegründetes Misstrauen.

Peinlich ist es dann auch, dass Lars und ich mit unserer Wanne im Wasserkanal des kitschigen Herzblatt-Tunnels stecken bleiben. Anschließend fliegen wir aber im Kettenkarussell federleicht übers Wasser, drehen uns in Kaffeetassen zu Wiener Walzer und erholen uns vor der Freilichtbühne, wo die Kanonen-Lady durch die Luft geschossen wird. Dort sammeln sich während unserer *fika* immer mehr Leute; Männer hieven Bässe aufs Podest.

„Spielt noch wer?", frage ich Lars. Der nickt und meint lapidar: „Absolut. Pelle!" Der Pelle vom Mosebacke-Kickertisch? Der, den ich vom Sehen kannte, aber partout nicht zuordnen konnte?

So richtig legt sich mein Schalter erst um, als mir Caro noch einmal erklärt, was am Abend geboten ist. *The Hives*, die schwedischen Alternativ-Rocker, geben ein Konzert, und Pelle ist „Howlin' Pelle", der Sänger der Band. Lars kennt ihn aus Fagersta, gleicher Jahrgang eben, die Schule …

Mehr ist aus ihm nicht herauszubekommen, da in dem Moment der rote Schriftzug der Gruppe auf dem Bühnenhintergrund erscheint und die fünf Musiker unter riesigem Jubel die *stora scen* betreten. Statt des üblichen Schwarz-Weiß-Gemischs tragen sie diesmal komplett weiße Maßanzüge. „Die sind besonders luftig", erklärt Pelle, der das Mikro wie ein Lasso durch die Luft schwingt und sich mit einem Schluck Wasser erfrischt, den er in die Luft prustet und mit dem Gesicht auffängt.

„Feiert den Sommer mit uns, feiert Geburtstage, feiert das Leben!", ruft er und legt los mit „Hey Little World". Lars umarmt mich von hinten und flüstert mir „Happy birthday!" ins Ohr. Ich bin selig. Pelles tiefe Sprechstimme vom Mosebacken weicht einem heiseren Gesang, und auch mit seinem Körpereinsatz und den dicken Augenbrauen erinnert er mich irgendwie an Mick Jagger. Den Status der besten Liveband der Welt haben sich die *Hives* wahrlich verdient. Immer wenn Pelle auf einen der Verstärker hüpft, hüpfe ich ein bisschen mit.

Später am Ausgang, als ich mir gerade denke, dass mich in diesem Land, wo jeder jeden kennt, nichts mehr wundern kann, beginnt mich eine Gröna-Lund-Figur zu nerven. Immer wieder drückt ein als Schlafmütze verkleideter Mann sein Kissen auf meine Schultern und beginnt zu schnarchen. Da er sich nicht abschütteln lässt, stellt sich die Gruppe vor mich und fragt ihn, ob es nicht langsam mal gut sei. Aber – das kann doch nicht sein! Am brüchigen Schwedisch erkenne ich unter dem hellblauen Strampelanzug und der roten Clownnase den Engländer aus meinem Sprachkurs. Der ist hin und weg von unserer „schicksalhaften Begegnung" und ruft, ich müsse sofort in die deutsche Kneipe mitkommen, wo „unser Kollege, der Jamaikaner" als Barkeeper arbeitet.

Gröna Lund scheint ein heißes Pflaster für alle Menschen zu sein, die einen Sommerjob brauchen und dem Wahnsinn nicht abgeneigt sind. Wir folgen der Schlafmütze so lange, bis wir vor einem Wirtshaus mit bayerischen Flaggen stehen, das einen ausgeprägten Schwarzwälder Anstrich hat, mit Rösti wirbt und noch dazu *Tyrol* heißt. Ich weigere mich, auch nur einen Fuß in diese Verhunzung meiner Heimatkultur zu setzen.

Stattdessen nehmen wir die *Djurgårdsfärjan*, ein kostenloses Wassertaxi, das uns an den Inseln Kastell- und Skeppsholmen vorbei nach Slussen bringt und damit einen Riesenumweg über den Asphalt erspart. Vom 25. Stock in der Bar *Och himlen därtill* („Und den Himmel dazu") über dem Kaufhaus *Skrappan* blicke ich dann hinunter auf Stockholm. Ich sehe eine quirlige Stadt mit tausenden Lichtern, in der wieder alles beim Alten ist.

oktober

WIE DILETTANTISCHE DETEKTIVE liegen Caro und ich an einem Montagmorgen kurz vor halb sieben im Gebüsch eines Stockholmer Hinterhofes. Im Visier haben wir die Hundetagesstätte – sofern wir nicht damit beschäftigt sind, uns aus Pappbechern Kaffee einzuflößen oder über die durchdringende Nässe des angefrorenen Bodens zu fluchen.

„Von oben hat uns garantiert schon jemand entdeckt", flüstert Caro und deutet auf die Häuserblocks, die die Grünfläche flankieren. „Gleich schicken die uns die Polizei auf den Hals." – „Ach, woher denn", versuche ich sie zu beruhigen und schütte etwas von meinem Kaffee in ihren leeren Becher: „Es ist doch zappenduster. Und falls uns wer sieht, denkt er bestimmt, da liegen wieder zwei Betrunkene in den Beeten."

Meine Angst ist anders orientiert. Ich fürchte, dass uns Rottweilerdame Gela hier im Gebüsch ausmachen und herbeieilen könnte, um sich eine Nackenmassage bei mir abzuholen. Wir sind schnell Freunde geworden; mir imponieren ihre beängstigende Erscheinung und ihr sanftes Wesen. Sie ist auch der Grund, weshalb wir uns mitten in der Nacht eine Blasenentzündung holen. Genauer gesagt: Gelas Herrchen.

Ein Bericht in der Wochenendbeilage des *Aftonbladet* hatte sich mit den Hobbys der Königskinder beschäftigt. Da war also Victoria mit Daniel Westling beim Segeln vor der Insel Gotland und in ihrer kleinen Imkerei zu sehen. Andere Schnappschüsse präsentierten Prinzessin Madeleine beim Feiern in der *SpyBar* auf Östermalm und mit ihrem Liebsten Jonas hoch zu Ross. Und Bruder Carl Philip, der Orlando Bloom der Königsdynastien, den sie hier in der Hunde-*dagis* und überall in der Stadt nur kumpelhaft CP („Seh Peh") rufen, ja, er war beim Motorsport und mit Kameraausrüstung nebst Dauerfreundin Emma abgebildet – und mit einem Hund, der mir ziemlich bekannt vorkam.

Und als funktioniere Gedankenübertragung, springt in diesem Augenblick im Hof der Bewegungsmelder an. Im Lichtkegel erkenne ich die Gesichtszüge des Prinzen unter einer Strickmütze. Die hüfthohe Gela trabt neben der telefonierenden Emma her. Während CP in seinen abgewetzten Jeans den Rottweiler in die *dagis* bringt, plaudert Emma vor der Tür weiter. Die Melodie ihrer hohen Stimme klingt deutlich zu Caro und mir herüber, ihr Blick gleitet über die Grünfläche; was sie sagt, hören wir nicht. Doch wegen des Lichtstrahls, der nun auf unseren Körpern liegt, habe auch ich mit einem Mal Panik davor, erwischt zu werden. Mein Herz hämmert gegen den Brustkorb. Caro zerdrückt vor Aufregung mit der linken Hand ihren Kaffeebecher. Was passiert wohl mit Leuten, die Mitgliedern des Hauses Bernadotte auflauern?

In meine Überlegungen platzt Carl Philip, der aus der *dagis* kommt, Emmas Hand ergreift und den Innenhof über die Treppe verlässt, zwei Stufen auf einmal nehmend. Das war's. Caro lacht und hält sich vor Ungläubigkeit die Hände vor den Mund. Ich springe hoch, klopfe ihr wie wild auf die Schultern und brauche ein paar Stunden später einen langen Auslauf mit den Hunden, um die aufgestaute Energie still und heimlich auf einen normalen Pegel herunterzufahren.

Überwachung an sich ist in Stockholm nichts Besonderes. Vielmehr bin selbst ich es gewohnt, rund um die Uhr beobachtet zu werden. Bloß ist mir das noch nie so aufgefallen wie an diesem meinem ersten Tag als Spionin. Auf dem Weg zu einem Treffen mit Lars auf Södermalm passiere ich ein lückenloses System für Fahrgastsicherheit. Auf den beiden Rolltreppen hinunter zur *t-bana* filmen drei schwarze Kugeln in Halterungen an der Decke, wie ich an den anderen vorbeieile und unten doch die Bahn verpasse. Auf dem Bahnsteig schwenkt, neigt und zoomt ein anderes Exemplar über meinem Kopf, um aus dem besten Blickwinkel aufzuzeichnen, wie ich Lars am Handy mein Zuspätkommen erkläre. Während der Fahrt behält mich sicherheitshalber eine Minikamera für die Videozentrale der Stockholmer Transportgesellschaft live auf Sendung.

Trygghet ist das Schlagwort in Schweden. Es bedeutet so viel wie Sicherheit, Geborgenheit, und beschreibt die Fürsorge, die das Volk vom Staat einfordert. Dafür ist es gerne bereit, sich vor den Behörden nackig zu machen – schließlich meint es ja jeder gut mit dem Einzelnen in einer Gesellschaft, die den Gemeinsinn dem Individualismus überordnet. Ein weiteres Beispiel für ein Vertrauen ineinander, das offensichtlich nie wirklich erschüttert worden ist.

So kommt es auch, dass die allgegenwärtige *personnummer*, die jedem Schweden mit der Geburt vom *skatteverket*, dem schwedischen Finanzamt, zugeteilt wird, darüber entscheiden darf, wie ich meine Freizeit verbringe. Was eigentlich eine Erleichterung für die Bürokratie sein soll, macht es Ausländern oft ziemlich schwer.

Caro und ich waren es gewohnt, alles mit einer international gültigen Kreditkarte zu zahlen, sogar den Automatenkaffee für wenige Kronen im Schnellzug. Bis zu dem Tag, als wir ins Kino wollten, war das kein Problem. Alle in der Schlange vor uns zahlten so. Die Misere bei uns allerdings war, dass auf dem zur Kreditkarte vorzuzeigenden Ausweis keine Personennummer eingeprägt war. „Isch abe gar keine Nummer", scherzte Caro in Anlehnung an Herrn Angelo aus einer ziemlich alten Kaffeewerbung.

Woher auch? Wir hätten erst ein Jahr im Land leben müssen, damit uns eine lebenslang gültige Nummer zugeteilt worden wäre, womit wir ein schwedisches Bankkonto hätten eröffnen und eine neue Kreditkarte hätten beantragen können. Hätte, wäre, wenn. Wir wollten doch bloß ins Kino!

Die Dame an der Kasse aber hatte kein Verständnis für unsere Lage. Denn auch in unseren deutschen Führerscheinen fand sie seltsamerweise keine Personennummer. Kein schwedisches Bankkonto? Wir existierten folglich gar nicht, fasste sie zusammen. Aber da sie kein Unmensch sei, würde sie es akzeptieren, wenn wir bar zahlten. Leider fanden wir wegen der gewohnten Zahlungsweise nicht einmal fünf Euro in unseren Taschen. An diesem Abend sahen wir zu Hause fern.

Tags darauf meldete sich der nächste seltsame Zeitgenosse. Er bot mir an, innerhalb von zwei Stunden einen neuen Parkettboden in der Wohnung zu verlegen. So weit, so gut. Nur – woher hatte der Gute meine Handynummer? „Na, über *hitta.se*", erklärte er nach einer kurzen Pause. Meine misstrauische Nachfrage verwirrte ihn.

Als Caro abends von der Arbeit kam, konnte ich ihr die Geburts- und Namenstage all unserer Bekannten aufzählen, dazu diverse Telefonnummern, Adressen, Beruf, wie das Haus aussieht, in dem sie gemeldet sind, und in welchem Haus sie ihren Sommerurlaub verbringen. Ich erfuhr, wie viel die Manager von *Tetrapak* und *Elektrolux* verdienen und dass mein Sprachlehrer Sverker mit einer selbstständigen Friseurin namens Isabelle zusammenlebt, die mit ihren Zwillingen aus erster Ehe in die schmucke *villa* am Stadtrand gekommen ist, in der sie nun allesamt im November Geburtstag feiern können. Mit wenigen legalen Klicks im Internet ist hier ein halbes Leben ausspioniert.

Ähnlich gut überwacht wie am Karlaplan entsteige ich schließlich am Mariatorget dem Untergrund. Im Freien empfangen mich neue Kameras, weshalb ich mir ein bisschen prominent vorkomme, als ich Lars entgegengehe. „Warum läufst du denn so komisch?", fragt der und begräbt all meine prinzessinnenhaften Gefühle. „Frag mich lieber, mit welchem Frauenschwarm ich heute Morgen den Tag begonnen habe. Aber frag nicht, wie ..."

Natürlich will Lars alles genau wissen. Er wundert sich, bewundert Caro und mich aber auch ein wenig für unseren Mut und die Dreistigkeit, die einem korrekten, schlangestehenden Schweden fremd ist und ihn um einige wichtige Erlebnisse im Leben bringen dürfte.

Im Gespräch achte ich nicht darauf, wohin wir gehen, bis mich Lars in der Wollmar Yxkullsgatan an der Hand nimmt, mit mir über die Torkel Knutssonsgatan rennt und mich am Eck in einen unscheinbaren Hauseingang zieht. „Ich hab 'ne Wohnung gekauft", sprudelt es aus ihm heraus, obwohl ich CPs Kleidung noch nicht vollständig beschrieben hatte und gerade abgelenkt war, weil mir die Straßennamen so abgedreht vorkamen. „Du hast was? Wo sind wir eigentlich?"

Wir stehen im Herzen des tollen-teuren linken Flügels von Södermalm, Lars' und meiner Lieblingsinsel in der Stadt, wenige hundert Meter vom Tantolundenpark entfernt. Die vergangenen zwei Wochen hatte Lars bei uns in der WG gewohnt. Dass ihn die Enge und das Chaos zu einer derartigen Kurzschlussreaktion treiben würden, hätte ich allerdings nicht gedacht. Selbst für ein Zwergenkabuff in dieser Gegend müsste er sich bis über beide Ohren verschulden.

„Sieh's dir doch erst mal an", entgegnet Lars meinem schockierten Blick und zieht mich in einen Aufzug: „Die Wohnung ist wirklich hübsch und hat Stil und die perfekten Maße."

Für hübsch und Stil und perfekte Maße stürzt man sich doch nicht in den finanziellen Ruin.

Für hübsch und Stil und perfekte Maße legt man sich morgens kurz vor halb sieben ins Gebüsch.

Ohne Frage ist die Wohnung ein Traum, ein Altbau mit Stuck-Resten. Die drei bodenlangen Fenster von Küche, Wohn- und Arbeitszimmer, die zur Straße hin liegen, werden von französischen Balkonen eingefasst und spenden all das Licht, das den Stockholmern je nach Jahreszeit zugedacht ist; dazwischen: ein offener Kamin. Die kleine Dachterrasse schräg über dem Schlafzimmer lässt auf Bänke, Schaukeln und Kirschbäume im Innenhof blicken. Als Krönung des Optimums lautet die Adresse glücklicherweise noch S:t Paulsgatan. Deshalb kann Lars meine gezügelte Freude auch überhaupt nicht begreifen.

„Freu dich", fordert er, „und zieh ein, wenn du möchtest." „Nein, nein, nein. Sag mal, wo ist denn das gute alte *Ta-det-lugnt* geblieben?" Solche endgültigen Entscheidungen schärfen meinen Fluchtinstinkt. „Das ist doch *ta det lugnt!*" Lars grinst, setzt Wasser für die *fika*-Pause auf und öffnet die Brötchentüte: „Also mach dich locker. Was seid ihr Deutschen bloß so verkrampft?"

Es ist der Vierte des Monats, *Kanelbullens Dag*, offizieller Tag der Zimtkringel, und ich finde, da streitet man nicht. Ich versuche also zunächst zu ergründen, was in einem schwedischen Hirn vor sich geht.

Schweden stehen gerne Schlage – warum soll das also nicht für den Wohnungsmarkt gelten? Wer hierzulande eine Unterkunft sucht, braucht Glück und einen langen Atem. Der an sozialen Idealen ausgerichtete Mietmarkt macht es vor allem Einwanderern wie mir schwer, in absehbarer Zeit eine Bleibe zu finden. Mieten darf wieder nur der, der eine Personennummer hat. Elin hatte mir einmal erklärt, dass die meisten Wohnhäuser in Schweden kommunalen Wohnungsverwaltungen oder Immobilienfirmen gehören, die offizielle Wartelisten führen. In Ballungszentren wie Stockholm oder Göteborg muss man sich mindestens drei Jahre gedulden, bis man einziehen kann. Für eine Wohnung auf Södermalm hätte Lars gut zehn Jahre warten dürfen, um sie zu mieten – in meinem Stadtteil Östermalm sogar bis zu 22 Jahre.

Wer einen solchen Erstmietvertrag direkt vom Eigentümer ergattert hat, gibt ihn so bald nicht wieder her. Einen Sechser im Lotto wirft man ja auch nicht eben auf den Müll. Der Bewohner ist so gut wie unkündbar und zahlt wegen der staatlichen Mietpreisbindung meist eine lächerlich geringe Miete – im Zentrum fast genauso wie im Umland, da Wohnen in Schweden keine Ware sein soll. Allerdings kann der Mieter die Wohnung untervermieten und dann allein über den Preis bestimmen, weshalb der Handel mit Secondhand-Verträgen floriert.

Kaufen geht schneller. Lars war auf zwei Besichtigungsterminen, bei denen ein Makler je eine um die achtzig Interessenten große Herde durch die Wohnung getrieben hat. Für seine jetzige *tvåa*, eine Zweiraumwohnung, hatte er sich per SMS an einem Bietverfahren beteiligt – und sie nach einem nervenaufreibenden Kampf tatsächlich ersteigert. Das war vor zwei Tagen. Gestern hatte er den Vertrag unterschrieben. Nun hat er das *bostadsrätt*, das Recht, in der Wohnung zu leben. Er muss nur noch der Eigentümergemeinschaft des Hauses beitreten und eine monatliche Gebühr an sie bezahlen, die ungefähr der staatlich vorgeschriebenen Miete entspricht – selbst wenn er die Wohnung untervermietet. Und da Lars vermutlich keine 122 Jahre alt werden wird, muss er wie die meisten Stockholmer ein bisschen Kreditschuld mit ins Grab nehmen. Was für ein Chaos!

So aber erklärt sich die oft verrückte Reihenfolge, in der Schweden Dinge im Leben tun. Grundsätzlich wird hier nicht tausendfach hinterfragt, emotional erwogen und finanziell durchkalkuliert wie in Deutschland; es lebt sich etwas leichter. Junge Paare kaufen Wohnungen, weil sie irgendwo leben müssen, ziehen holterdiepolter zusammen, aus *särbo* (Paaren, die in getrennten Wohnungen leben und in Deutschland keine Bezeichnung verdient haben) werden *sambo* (Leute mit gleicher Adresse, die sich der „wilden Ehe" verantworten müssen). Solche *sambo* vermehren sich schnell, weil meist beide früh berufstätig sind und bleiben können. Arbeitslose gibt es kaum. Alles klappt, das Leben läuft. Man verlobt sich oft, heiratet selten.

Erstaunlich viele Paare mit Kindern oder ohne trennen sich bald wieder. Scheidungen, Trennungen insgesamt, sind üblich und weniger verpönt als anderswo in Europa, was mir Björn von *ABBA* vor einigen Tagen in einem Fernsehinterview bestätigte. Das, worüber Italiener die Nase rümpfen würden, praktizierten schon die Wikingerinnen, die als erste Frauen der Welt das Recht hatten, sich scheiden zu lassen. Elin hatte den landestypischen Rhythmus so zusammengefasst: „Mit 35 sind die meisten Schweden wieder auf dem Markt."

Auch bei Lars war es so gewesen. Ich sage ihm, wie schön ich ihn und seine Wohnung finde, und beiße in meine *bulle*.

Das Geheimnis ist gelüftet. Sverker hat uns am Vorabend Ort und Zeit der Operation Sprachprüfung genannt. Und Operation ist gar nicht so weit hergeholt. Aber das ahne ich nicht, als ich mich am Nachmittag zu Fuß Richtung Vasastan aufmache, einem wohlhabenden Stadtteil im Westen mit pastellroten Bürgerhäusern. Mit wem ich in der Projektgruppe das Vergnügen habe, wollte Sverker nicht verraten.

Lasst euch vom Augenblick überrumpeln, stand in seiner E-Mail. Er hatte also selbst noch keinen Plan, wie das Spektakel ablaufen sollte.

Es ist bewölkt und leicht windig, aber ich nutze den weiten Weg durch die Alleen, um mir die Grundbegriffe zum Thema Gesundheit in Erinnerung zu rufen. Wegen meiner medizinischen Fortbildung in den vergangenen Wochen und einer hypochondrischen Veranlagung kann ich mittlerweile so ziemlich jede Krankheit und Verletzung simulieren, von der die Welt je gehört hat. Auch Anders musste leiden, weil ich bei jeder Begegnung mit ihm die unregelmäßigen Verben gebeugt habe. Nun hoffe ich nur, dass sich die Präpositionen Mühe geben und in der Stunde nicht wieder völlig chaotisch durcheinanderpurzeln.

Es fängt bereits an zu dämmern, als ich die angesteuerte Tomtebogatan erreiche, wo dem Namen nach Wichtel und Kobolde wohnen. Ich entdecke die Hausnummer hinter einer Kastanie, in der pinkfarbene Papiervögel hängen. Die *Filadelfia*-Kirche zwei Straßen weiter meldet mit ihren Glockenschlägen *fyra prick*, Punkt 16 Uhr. Perfekt. Plötzlich klappt es auch mit den deutschen Tugenden. Aus dem Wurzelgeflecht des Baumes greife ich mir eine Kastanie und stecke sie als Glücksbringer in die Jackentasche. Lars hatte so etwas wie „Pfeffer, Pfeffer, wirf ins Holz!" gewünscht. Na, das passt ja.

Sverker kann hier eigentlich nicht wohnen, das hatte ich doch auf der Spionageplattform im Internet eruiert. Ich gehe zum Eingang und lese:

vårdcentral

Ein Gesundheitszentrum! Mit echten Ärzten! Ich hatte mir gedacht, dass es verrückt werden könnte, aber mit diesem Ausmaß hatte ich nicht gerechnet. In Schweden wird der Großteil der medizinischen Versorgung in Zentren geleistet, in denen Ärzte, Krankenschwestern und -pfleger, Hebammen, Physiotherapeuten und andere Experten arbeiten. Diese Art der Kooperation soll es für die Patienten einfacher machen, an den gewünschten Arzt zu kommen. Ich glaube aber, sie dient dem schwedischen Gemüt an sich, das ganz wild auf jede Art von Effizienz und Gemeinschaftsarbeit ist.

Die Überraschung ist Sverker gelungen. Auf dem Weg in den ersten Stock spüre ich, wie Nervosität in mir aufsteigt. Die Dame an der Rezeption reagiert auf meine unsichere Nachfrage wegen eines Schwedischtests mit abgeklärter Freundlichkeit. Sie findet im Terminplan eines Doktors meinen Namen, knöpft mir um die 15 Euro Patientengebühr ab und winkt mich durch ins Wartezimmer. Dort sitzen allerhand Virusgrippen, Schnittwunden und Gipsbeine – und dazwischen zwei bekannte Gesichter. Der Engländer und eine Japanerin sind meine Mitstreiter. Ich weiß nicht, ob ich weinen oder lachen soll. Aber allmählich dämmert mir, weshalb es in Schweden ein paar Monate dauern kann, bis ein Patient einen Arzttermin bekommt, und er erst einmal telefonisch angewiesen wird, sich selbst zu heilen.

Wir aber sitzen schon kurz darauf vor Dr. Tobias Sundberg und Krankenschwester Frida, während von Sverker, der sich im Abendlicht an die Fensterbank schmiegt, wie bei Alice' Katze im Wunderland nur ein Grinsen zurückbleibt. Der Arzt ist sein Bruder, der kurz vor Feierabend für derartige Experimente herhalten muss. Wir berichten Tobias und Frida in künstlich vollständigen und zeitlich korrekten Sätzen von allen möglichen früheren Verletzungen und Kinderkrankheiten, den letzten Infektionen und Impfungen und der aktuellen Medikamenteneinnahme. Trotz dieses Irrsinns läuft es ausgezeichnet; mir macht die Sache immer mehr Spaß, wohl weil ich langsam vergesse, dass wir in einer Schwedischprüfung sitzen.

Als wir über unser Sport- und Ernährungsprogramm diskutieren sollen, haut der Engländer kräftig auf die Pauke. Er gibt vor, täglich einen kleinen Marathon zu laufen und praktisch nur Vitamine zu essen, aber dennoch seit geraumer Zeit nicht mehr richtig schlafen zu können. Vor meinem inneren Auge erscheint das Bild aus Gröna Lund. Aus dem Versuch, mein Lachen zu unterdrücken, entwickelt sich ein Schluckauf, der auch einen Gesundheitscheck überdauert, bei dem ich auf dem Hometrainer versage. Ich hoffe, mit der Prüfung verhält es sich anders. Tobias jedenfalls ist trotz allem der Meinung, dass mir und der Schlafmütze zu meiner Linken nichts Ernstes fehlt.

Ich selbst bin von meinem Sprachfluss überrascht, und auch Sverker, der wieder Gestalt annimmt, freut sich über unsere Alltagstauglichkeit. Die Praxisgebühr würde er uns demnächst an der „blauen Pforte" zurückerstatten, versichert er zum Abschied. Ich mache mich auf alles gefasst.

Daheim erwarten mich traurige Nachrichten. Caro hat eine Zusage aus Malmö bekommen. In zwei Wochen wird sie die Stadt auf den Inseln gegen die Stadt am Strand eintauschen. Schweren Herzens zwar, aber für die größere Nähe zu ihrem Freund, einen weniger dunklen und kalten Winter und für einen verlockenden Job als Veranstaltungskoordinatorin.

Ich lasse sie ziehen, ohne darauf herumzureiten, wie weh es mir tut.

Ich kann sie verstehen, ohne zu wissen, wie ich mich am Ende entscheiden werde.

Statt mit alledem zu hadern, feiern wir bei einem Konzert in der *Pet Sounds Bar* auf Södermalm das Leben und die Überraschungen, die es für uns bereithält.

Apropos: Linnéa ist nach einem Sprachaufenthalt in Spanien, den ihr Gunilla spendiert hat, wieder in die WG eingezogen. Das erkennen wir daran, dass bei unserer Rückkehr die Weinflasche im Kühlschrank und sämtliche Handtücher aus dem Bad fehlen. Der große Tisch in Caros Zimmer ist gegen einen kleinen ersetzt worden. In meinem Raum steht der Fernseher plötzlich auf dem Boden – Linnéa hat tatsächlich das Mahagoni-Kästchen mitgehen lassen. Außerdem fehlt meine Bettwäsche. Jetzt würde mir der Doktor Herzrhythmusstörungen attestieren. Irgendwie beneide ich Caro, dass sie dieser Zumutung auf zwei Beinen und ohne Nase so einfach entkommt.

Ich fahre auf Kur. Ein dicker weißer Dampfer nimmt Lars und mich mit nach Sandhamn – eine der 24 000 Inseln in den Stockholmer Schären und vielleicht auch die bekannteste. Jedenfalls für Segler. Lars will windsurfen und zelten; er braucht wieder Frieden und Ruhe außerhalb der Hauptstadt. Ich freue mich auf ein Wochenende in reizvoller Natur ohne zivilisatorischen Luxus und kleptomanische Mitbewohner. Die Sache ist nur die: Der Sommer ist Geschichte, und nachts fallen die Grade auf den Gefrierpunkt.

„Ja. Und?", hatte Lars gefragt. „Jetzt ist die allerbeste Zeit. Die Touristen sind verschwunden." Er begriff nicht recht, worauf meine Bemerkung abzielte.

So etwas wie Kälteempfinden besitzen Stockholmer nicht. Das hätte mir der Doktor mal erklären sollen. Dafür besitzt fast jeder Dritte ein Freizeitboot, mit dem er das ganze Jahr über von Ufer zu Ufer pendelt. Auf unserer Reise in die Ostsee, die mit einem zweifachen Tuten beginnt, begleiten uns dementsprechend viele Schnellboote, Surfer und Segler, sodass ich mir vorkomme wie auf einer Regatta.

Grell schimmert draußen das Wasser, in das die Schiffsschraube Schaum schlägt; es ist leicht schuppig an diesem Tag. Zwischen großen kleinen Inseln und winzig kleinen Inseln stechen ab und an maulwurfshügelartige Gebilde aus dem Wasser, die in den kommenden Jahren vermutlich im Klimawandel untergehen werden. Auf unbewohnten Felsen tragen Bäume ihr Restlaub zur Schau, auf den bewohnten dampfen Kamine. Neben Stegen ruhen die Ruderboote halb an Land und doch mehr im Wasser. Und über alledem kommen Lars und mir die Pufferwolken so nah, dass es leicht ist sich auszumalen, das Schiff schwimme nicht mehr, sondern gleite durch die blassblauen Lüfte.

Nach vier Stunden Fahrt legen wir in Sandhamn an. Die Insel selbst heißt eigentlich *Sandön*, also „Sandinsel", und nicht „Sandhafen", denn so nennen sich nur das Dorf und eben der Hafen, wo die Möwen kreischen und das Tau unseres Dampfers um einem Stahlzylinder gewickelt wird. Direkt am Ufer leuchtet vor einer Motorenwerkstatt ein geklautes *t-bana*-Schild. Die erste Attraktion. Obwohl nur etwa hundert Menschen durchgehend auf der Insel leben, werden im Sommer die vermieteten Zimmer knapp. Zu den Touristen an den Stränden *Trovill* oder *Fläskberget* gesellen sich dann zahlreiche Stockholmer, die hier wochenlang Ferien machen.

Über die schmalen Kieswege suchen wir uns den Weg dorthin. Vor zueinandergebeugten Holzhütten, die zwischen Obstbäumen und Gemüsebeeten stehen, schnalzen schwedische Flaggen im Wind. Uns begegnen Spaziergänger, die sich zu kennen scheinen und uns genauso herzlich grüßen. Von wegen Schärenbewohner seien schrullig und wortkarg, wie immer wieder vom Festland kolportiert wird. Zu dieser persönlichen Atmosphäre und dem Zusammengehörigkeitsgefühl gesellt sich mein Eindruck, dass alle Hiesigen und Besucher, die vor den Fischlokalen in der Sonne sitzen, nicht gerade arme Schlucker sind. Und ich könnte wetten, sie schließen ihre Häuser trotzdem nicht ab.

Wir lassen uns in den Mulden der steilen Felsen nieder, trinken Bier, essen die eingepackten Brote und hartgekochten Eier. Was für ein grandioser Blick hinunter aufs Wasser, auf dem sich ein bunter Strudel aus Segeln dreht. Ich drücke mich in den unebenen, ausgehöhlten Fels, was sich anfühlt, als massierten erwärmte Basaltsteine meinen Rücken. Während Lars nahe dem Kiefernwald unser Zelt aufbaut, kann ich vor lauter Entspannung einfach nicht aufstehen und helfen – ich besinne mich weiter aufs Wasser, das zwanzig Meter unter mir glucksend gegen die Klippen schlägt.

Einige Surfrunden, einen Badegang, drei Postkarten und ein paar am Lagerfeuer gegrillte Würstchen später ist es vorbei mit der Ruhe. Ein schweres Gewitter ist aufgezogen. Es ist früher Nachmittag, und wir sind gerade auf dem Weg von einem abgelegenen Seemannsfriedhof zurück zum Zelt. Der Regen wird immer fürchterlicher. Vom Berg rutschen uns Schlammladungen entgegen. Ich sehe an mir hinunter und denke an Astrid Lindgrens kleine Lotta aus der Krachmacherstraße, die bei Regen im Dung stand und wachsen wollte.

Als wir endlich die glitschigen Felsblöcke erklommen haben, wartet sumpfiges Gebiet auf uns. Das Zelt steht in zäher brauner Brühe, die sich auch schon ins Innere vorgearbeitet hat. Sogar zur Decke läuft Wasser herein. Den Rest besorgen wir mit unserer triefnassen Kleidung und den vollgesogenen Haaren. Die vielen Picknicker und Camper von vorhin haben offenbar rechtzeitig die Biege gemacht.

„Da wäre dir meine neue Wohnung jetzt lieber, oder?" Lars nimmt's locker. Mein Humor und meine Gelassenheit halten sich allerdings in Grenzen, wenn ich darauf warte, dass uns die tosende Ostsee mit Windstärke acht vom Felsen spült. Ich kann weder Angst noch Temperament bändigen, und so beginnt auch im Zweimannzelt langsam das Donnerwetter.

„Mensch, das Zelten war deine Idee! Und jetzt? Wir sollten besser bei jemandem im Garten Unterschlupf suchen", beschließe ich und verteufle Lars dafür, dass er unser Lager so weit draußen und versteckt aufgeschlagen hat. „Jetzt hör mal! Wir sind doch keine kleinen Kinder. Am Horizont reißt es schon wieder auf. Wir müssen einfach nur abwarten." – „Bis dahin bin ich todkrank oder ertrunken. Euer Jedermannsrecht sagt doch, dass ich eine Nacht neben dem Haus von Privatpersonen übernachten darf. Da ist es doch viel sicherer ..." – „Du kapierst das *allemansrätt* nicht. Es besagt, dass wir Beeren sammeln oder unter gewissen Bedingungen Feuer machen dürfen. Zelten ist hier auf der Insel verboten. Außerdem kannst du doch nicht Leuten auf die Pelle rücken, ohne sie zu fragen." Lars ist fassungslos. „Ich dachte, wir genießen gemeinsam die Natur. Da gehört Regen dazu." – „Wir sind illegal? Ich glaub's nicht! Und sieht das vielleicht nach Genuss aus?" Vorwurfsvoll zeige ich auf meine suppenden Hosenbeine. „Ich will nach Hause!" Ich fühle mich wie ein bevormundetes Kind mit Migrationshintergrund. Woher soll ich bitte wissen, wie sich das Wetter in den Schären entwickelt und weshalb Schweden mit ihrem freien Zugang zur Natur generös tun und es doch anders meinen?

Nachdem mich Lars einen Schafskopf genannt und mir die Richtlinien des Jedermannsrechts sowie die schwedische Erfindung des Reißverschlusses erklärt hat, dringt Sonne durch das tropfende Loch in der Zeltdecke. Er hatte Recht. Das Gewitter ist vorüber, alles ist gut gegangen, und ich komme mir hysterisch vor. Lars sagt nichts. Wir atmen schweigend die frische Luft, kippen das Wasser aus dem Zelt und finden in der Sonne einen härteren Untergrund, in den es nicht mehr einsinkt. Und als ich gerade mit Brotpapier und Taschentüchern den Zeltboden trockne, steckt mir der Schwede eine blasse Rose durchs Deckenloch, die er irgendwo gepflückt hat.

„Auch das gehört zum *allemansrätt*. Und jetzt *ta det lugnt!*" Er grinst und schüttelt noch einmal den Kopf.

Vielleicht könnte ich mich allmählich doch mit dem Gedanken anfreunden, in der S:t Paulsgatan einzuziehen.

november

WIE IN EINEM SCHWARZ-WEISS-STUMMFILM. Caro und ich blicken vom Balkon und ziehen in der Winterkulisse ein stilles Resümee. Den Himmel schraffieren Schlieren; bald wird es auf den Altschnee rieseln, der in kantigen Bergen an den Häusern lehnt. Auf den Autos finden sich wieder Extra-Scheinwerfer und auf meiner Fensterbank Salate und andere Eintagspflanzen. Das einzig Bunte in der Umgebung ist die Leuchtreklame des Kiosks, der bei meiner Ankunft in der Stadt noch eine verlassene Bretterbude war. Nun stehen die Schweden schon vor der Arbeit Schlange für einen libanesischen Imbiss. Sonst aber wirkt das Ende der Skeppargatan so trostlos wie zu Jahresbeginn. Und genauso fühle ich mich.

„Die Bäume sehen aus wie haushohe Lakritz-Lollis", sagt Caro irgendwann.

Die kahlen Äste der Linden waren bis gestern unauffällige Striche in der Landschaft. Jetzt biegen sie sich unter dem Gewicht unzähliger Raben, die uns wie Hühner auf der Stange anglotzen. Ein apokalyptisches Bild. Aus tausend Kehlen kommt etwas, das klingt, als hätten sie allesamt etwas Sperriges verschluckt. Sind es Hilferufe? Oder Hasstiraden? Jedenfalls ist es kein Schrei nach Liebe. „Ich fühle mich eher wie bei Hitchcock und den Vögeln", entgegne ich.

Es würde mich nicht wundern, wenn sie gleich über uns herfielen. Doch fürs Sterben haben wir heute wirklich keine Zeit. Es ist unser vorerst letzter gemeinsamer Stockholm-Tag, und der ist komplett durchgeplant. Um in Schwung zu kommen und die Stimmung zu heben, frühstücken wir im *Iglo Ljuscafé*, wo wir uns eine Stunde Licht dazukaufen.

An *Hornstulls Strand* auf Södermalm betreibt Martin, ein Bekannter von Lars, ein Lokal der besonderen Art. Sein Konzept funktioniert im Einklang mit der Natur: In diesen finalen Wochen des Jahres ist den Stockholmern sowieso nur eine sehr geringe Lichtdosis beschieden. Und in den theoretisch hellen Stunden verliert die Sonne seit Tagen ihren Kampf gegen die Wolkendecken. Kein Wunder, dass vier von fünf Schweden schwermütig und antriebslos sind. Uns geht es genauso. Aber Martin hat Gott sei Dank etwas dagegen. Wenn es auch kein richtiges Iglu ist, wie Caro am Eingang enttäuscht feststellt, so bleibt sein Café doch eine Tankstelle für gute Laune.

In einem fensterlosen Raum bestrahlen uns 3000-Lux-Tageslichtröhren. Dieses Breitspektrumlicht wird zusätzlich von den weißen Wänden, Sesseln, Tischen und den Arztkitteln reflektiert, die uns Martin überreicht. Nichts blendet, nichts flimmert, nichts wirft Schatten. Nur auf unseren Sichtfeldern beginnen dunkle Punkte in Schlangenlinien zu tanzen, während wir alkoholfreie Fruchtcocktails in intensiven Farben schlürfen. Immer wieder horchen wir tief in uns hinein, um eine eventuelle Wunderwirkung nicht zu verpassen – und tatsächlich: Nach wenigen Minuten lachen wir uns über die Eckpfeiler unserer zehn Monate am *Mälaren* schlapp.

Bestens gelaunt besuchen wir im Anschluss das Moderne Museum. Wir begutachten, wie Meret Oppenheim Schuhe zu festlichen Braten geschnürt und die Stöckel mit Krepppapierröschen drapiert hat, und drehen danach eine Runde auf Skeppsholmen. Caro macht Fotos von mir und den dicken Nana-Frauen von Niki de Saint Phalle. Auf der Fähre von der Miniinsel Kastellholmen nach Djurgården knipse ich sie mit den Kränen von Beckholmen. Die sind zu braun gefleckten Giraffen umgestaltet, die auf diesem Industrieplatz ihre Köpfe unermüdlich in die Baumwipfel neigen. Seine Kunst versteckt Stockholm eben nicht nur in den Museen.

Nach einem Stadtbummel gehören wir dann vollends dem *Café String* und seinen Himbeer-, Blaubeer-, Apfel-Zimt-Pajs. Caro kauft sich zur Erinnerung die karierte Thermoskanne, die sie dem Mann am Nebentisch abschwatzt, der daraus anfangs noch seinen Milchkaffee trinkt.

„Ich werde das Kosmopolitische vermissen", meint sie, als sie in die Runde blickt, in der sich grob geschätzt sechs verschiedene Nationen in ihren Sprachen unterhalten. „Und die Schären und das Angebot an tollen Läden und einfach alle Verlockungen einer internationalen Metropole. Das hat Malmö nicht. Stockholm ist groß, aber immer gemütlich. Und grün. Wo gibt's das schon, dass eine Stadt nicht nur von Natur umgeben, sondern so richtig von ihr durchzogen ist? Und ich haue ab – tolle Wurst!"

„Ja, ich weiß", stimme ich wehmütig ein und denke an den Englischen Garten, den gigantischen Park, der in Münchens Zentrum beginnt, an die Isarauen dahinter, ans Bocciaspielen im Hofgarten. Irgendwie ist das kein Vergleich zu den Esplanaden Östermalms, den Wiesen an allen Ecken, den sorgsam angelegten Blumenbeeten, den Fontänen, der Weite und den Stockholmer Inseln, die ein gewöhnliches Stadtzentrum überflüssig machen. Durchzogen, wie Caro sagt, trifft es genau. Keine andere Metropole würde sich derartig mit den Jahreszeiten wandeln. Nirgendwo würde ich die über zwölf Monate verteilte Kombination aus brennender Sonne, Schnee, Sturm, Hagel und Platzregen in dem Ausmaß erleben. Stockholm ist rein und wild und ursprünglich zugleich. Die Grüne Hauptstadt Europas. Langsam gewöhne ich mich sogar an die Melancholie der Menschen und an die furchteinflößenden dunklen Wälder im Winter. Verpflichtet das nicht zu bleiben?

Caro sieht mich prüfend an, wie damals auf der Türschwelle vor unserer allerersten *fika*. „Was hast du vor? Gehst du weg?" Ich spüre, wie innerlich eine Last von mir abfällt.

Caro würde mich und meine Zerrissenheit verstehen. Ich erzähle vom Jobangebot, meinen Wünschen, Abwägungen und Zweifeln – und der Erleuchtung, die einfach nicht kommen will.

Noch nicht einmal beim Martinsumzug der deutschen Gemeinde, bei dem Nadine ihre selbstgebastelte Laterne so tapfer gegen die Windböen in der Altstadt verteidigt. Dazu singt sie so laut, dass wir sie vom Straßenrand klar heraushören, auch wenn wir sie im schummrigen Licht nicht auf Anhieb erkennen. Echt nicht schlecht, die Kleine! Ihr Deutsch klingt akzentfrei. Offenbar war mein Wirken nicht völlig vergeblich.

Auch in Schweden ist der Martinstag ganz und gar der Gans gewidmet. Mama Matilda möchte uns alle ins Restaurant einladen, aber Caro und ich lehnen dankend ab. Wir riechen den Braten und wissen, dass der Festschmaus von einer *svartsoppa* eingeleitet wird, wörtlich übersetzt einer schwarzen Suppe, die allerdings aus dickflüssigem Blut besteht.

Stattdessen treffen wir uns mit Arbeitskollegen und den Freunden, die wir uns gemeinsam erarbeitet haben, im *Kvarnen* an der Tjärhovsgatan. Am Eingang zum Bierkeller müssen wir wieder einmal unsere Jacken abgeben, denn einfaches Über-die-Stuhllehne-Hängen ist hierzulande nicht üblich. In so ziemlich allen Clubs und Kneipen fließt der Geldhahn nicht erst an der Theke, sondern spätestens an der Garderobe. Heute bekommen wir für unser Geld wenigstens etwas geboten. Ein paar Herren nehmen uns die Wintersachen ab, schwingen sie sich um die Schultern und klettern damit in vier Metern Höhe an Kleiderstangen entlang wie arme dressierte Affen.

Wir bestellen eine Runde Bier, essen Rentier in Weizenkuchen mit Pflaumensoße und lauschen Elin. Sie hat am Wochenende Freunde in Amsterdam und Köln besucht und findet es skurril, dass Schuhe in deutschen Läden nach Größen sortiert sind und nicht etwa nach Marken oder Form und Aussehen, wie sie es gewohnt ist.

„Ich ging also nach links zu 39, die anderen zu 44 oder 36 – und dann rannte ich immer kreuz und quer durch den Laden, um mir den Rat der zwei einzuholen. Irgendwann trafen wir uns an der Kasse wieder. Voll schräg! Ist das in Dresden und München auch so?", fragt sie in einer Gemütslage zwischen be- und entgeistert.

Wir müssen tatsächlich kurz überlegen, bevor wir bejahen. Zu weit weg sind die kleinen kulturellen Kniffe, als dass wir problemlos in den alten Alltag zurückzappen könnten. Ich selbst fremdelte sehr bei meinem letzten Heimaturlaub im Spätsommer, als mir die Maß im Biergarten gewaltig groß und günstig vorkam und ich mich vor Leberkäsangeboten nicht retten konnte – wo ich doch seit Monaten keine einzige Metzgerei mehr gesehen hatte und Fleischtheken nur mehr aus dem Supermarkt kannte. Meine Untauglichkeit erreichte ihren Zenit, als mich ein Münchner Urgestein vor der U-Bahn zur Seite drückte und mir den Marsch blies: „Ja, sag amoi, wia bläd ko ma denn sei? Hast du koane Augen in deiner Birn drin?"

Mir war nicht bewusst gewesen, dass ich das grün aufleuchtende Licht an den Waggontüren drücken muss, damit sie aufspringen. Wie bei einer *t-bana* war ich einfach einen Meter davor stehengeblieben und wartete gelassen, bis sich Sesam von allein öffnen würde.

An diesem Abend in Stockholm zeigt sich mir ein mittlerweile vertrauteres Bild: Zur Sperrstunde um eins sind rudelweise betrunkene Schweden auf der Garderobe unterwegs. Draußen auf den Gehwegen fallen einige einfach um, statt zu pöbeln. Wer es schafft, tippt eine SMS, und erhält so die Fahrkarte für einen der Busse am Medborgarplatsen. Wieder andere torkeln kichernd in die *t-bana*, wo sie mit bemerkenswerter Alkoholausstattung weiterfeiern. Neben mir grölt ein älterer Herr wie besessen Guantanamera, ein jüngerer spielt dazu Oasis auf der Gitarre, Frauen ziehen Lippen und Lidstrich nach, und ein junges Pärchen strippt am Waggonende. Da es eine besondere Nacht ist, überwinden wir den Anflug von Müdigkeit und feiern ausgelassen mit.

Am Straßeneck erteilt mir der Wind zwei saftige Ohrfeigen. Seit Tagen schneit und stürmt und hagelt es. Auf dem Weg zum Supermarkt vermumme ich mein Gesicht, ducke mich auf halbe Größe und stemme mich mit voller Kraft voraus in den Gegenwind. In meiner Novemberuniform höre ich bloß noch ein gedämpftes Sausen der verrückt gewordenen Natur um mich herum. Sonst nichts. Plötzlich greift mich jemand von hinten an und versucht mich zu überwältigen. Ich wehre mich, so gut ich kann, was aber nicht viel bringt, weil mir wie die Kälte auch der Schock durch die Glieder fährt. Seit zwei Jahren ist in Östermalm ein Vergewaltiger zu Gange, der alle paar Wochen aktiv wird und von dem die Polizei sicher weiß, dass es ein Mann mit Augenbrauen ist. Aber der wird mich doch nicht um halb acht vorm Supermarkt ...

„Hallöchen, ich bin's doch nur, *ta det lugnt!*" Die Lage entpuppt sich als ungut, aber harmlos. In Strumpfhose und kurzem Rock steht Linnéa vor mir, die mich offensichtlich begrüßt und sogleich zu einer herzlichen Umarmung angesetzt hatte. Ich klopfe mir eine Schneehaube vom Kopf und versuche mich ein wenig zu beruhigen. Ich bin doch verhüllt wie ein Bankräuber – wie kann sie mich da ausmachen? Und welcher Irre umarmt einen denn von hinten?

„Linnéa ist zurück", triumphiert sie: „Ich bin wieder euer Mitbewohner!" Sie freut sich tatsächlich. „Du, Caro ist schon ausgezogen. Wo ist eigentlich mein Mahagoni-Kästchen hinverschwunden?" Warum soll ich mich lange mit *kallprat*, belanglosem Geschwätz, aufhalten? Zur Sache, Schätzchen!

Linnéa fällt ob meiner direkten Art aus allen Wolken und

stottert nach kurzer Denkpause: „Das hab ich auf dem Trödel verkauft. Wieso? Die fanden das gut, und ich war grad ein bisschen klamm. Das gehörte doch nicht dir, sondern Gunilla! Für sie ist es sicher okay." – „Du kannst doch nicht einfach in mein Zimmer gehen und die Einrichtung verscherbeln! Außerdem war das Kästchen verschlossen – wer kauft denn so was ohne Schlüssel?" – „Ich hatte die Schlüssel. Dummkopf! Da hab ich meine Zigaretten und den *snus* und den Aquavit und ein paar so Sachen von Måns drin gebunkert, die Gunilla besser nicht bei mir findet! Volltrottel!"

Ich traue meinen Ohren nicht. „Hör gefälligst auf, mich zu beleidigen. Du hast sie ja nicht alle – klaust Sachen, setzt alles unter Wasser, schmeißt Partys ohne Absprache, und deine Freunde machen es genauso." – „*Helvete!* Nein, ich bin gerade so nervös, zum Teufel, da bricht immer mein Tourettesyndrom durch. Das gilt nicht dir, echt, *fy fan!* Aber ich kann gut damit umgehen – ich muss es nur rauslassen, sagt mein Therapeut."

Linnéa stößt einen Schrei aus, der mir wie die stürmische Begrüßung von eben durch Mark und Bein fährt. Dann keucht sie so hektisch wie ein feueratmender Yogi. Die Leute bleiben stehen und gucken. Auch in Stockholm öffnet sich der Erdboden nicht, wenn man es sich wünscht.

Noch am Abend meines Einkaufs schrubbe ich die Wände und ziehe aus der Skeppargatan aus.

Nun bin ich nicht mehr nur den finanziellen Möglichkeiten und der Mentalität nach eine Södermalmerin, sondern auch, was die Geographie angeht. Lars hatte nach meinem Anruf und der Bitte um Asyl schwuppdiwupp einen Van organisiert, den zwei *söderbröder*, Brüder genannte Kumpel von der Insel, mit meinen Sachen vollluden. Prominent war diesmal keiner von ihnen, aber nett und stark waren sie beide. In zwei Stunden war alles vorüber, und Lars hatte auch etwas davon:

ein Gästebett, für das er am Wochenende eigentlich zu *Ikea* fahren wollte.

Ich bin überwältigt von so viel Hilfsbereitschaft und überlege, wie ich mich bei allen dreien revanchieren kann. Irgendwann am nächsten Tag berichte ich Lars von Jan Tauer, dem Retter des schwedischen Fußballs, und davon, wie gerne ich die *söderbröder* zu einem Spiel einladen würde. Doch Lars macht böse Miene zum zugegeben vielleicht nicht sonderlich guten Spiel. Dabei ist er nicht etwa *svartsjuk*, schwarzkrank, wie die Schweden sagen, wenn jemand eifersüchtig wird. Das Reizwort Djurgården IF ist gefallen, und schon war es vorbei mit seinem Interesse.

„Hör mal, du bist jetzt Södermalmerin, da nimmt man so etwas nicht in den Mund, ehrlich, da kannst du dir viele Feinde machen. Wir haben hier richtigen Fußball."

Ich bedanke mich also bei den drei Herrschaften, indem ich Karten für einen anderen Club in der *Allsvenskan* besorge. Ich bin etwas missmutig, denn bei Betrachtung der Aufstellung von Hammarby findet sich kein „Jan-ne Tau-er, Be-cken-bau-er" und ständig stolpere ich über eine der tausend grün-weißen Stoffbahnen, die auf der Tribüne herumliegen. Diesmal ist es einer der Möbelpacker, der ein *„Ta-det-lugnt!"* von mir fordert. Und wie so oft wird trotz meiner Skepsis alles gut.

Aus den Lautsprechern singt der kultige Kenta, verstorbener Hammarby-Fan und Liedermacher mit Reibeisenstimme, wie stark seine Mannschaft heute ist. Er soll Recht behalten. Noch beeindruckender aber sind die Fußballverrückten um mich herum, die die vom Verein für sie ausgelegten Riesenfahnen vom Boden aufsammeln, zwischen mir und dem Spielgeschehen schwenken, mich, die Fremde, nach Hammerby-Toren, gelungenen Spielzügen und einem verschossenen Elfmeter des Gegners der Reihe nach in den Arm nehmen und in der restlichen Zeit einen ordentlich brasilianischen Samba auf der Tribüne hinlegen. Es ist wie beim *indie-gympa*: Ich muss einfach mitmachen, tanze und hüpfe zu den Rhythmen und spüre die Minusgrade nicht mehr, sondern verschmelze mit Herzen und Seelen der tollsten Fußballfans der Welt.

Inzwischen führt Söder meilenweit in meinem persönlichen Duell gegen Östermalm. Ich liebe es, beim Bäcker zwischen Leuten zu stehen, die einen moderneren Schick als Pelzmäntel und Botox-Mimik an den Tag legen. Gelegentlich vergessen sie über ihrer Kleidung, die oftmals wie ein Regenbogen alle Farbnuancen abdeckt, sogar die Blondiercreme, die aus der zur Hälfte brünetten Bevölkerung die Fata Morgana der honig- bis platingelben Haarschöpfe macht. Bis vor hundert Jahren war das felsenreiche Södermalm das Arbeiter- und Handwerkerviertel Stockholms. Übrig geblieben sind schiefe Holzhütten mitten in der Innenstadt und ein Menschenschlag, der seinen Reichtum in der Kreativität findet.

Die Vergangenheit der Stadt ist nirgendwo so unmittelbar zu greifen wie in Södermalm. Und sie war nicht immer schön. Die Armut zwang ab 1850 jeden fünften Schweden auszuwandern, vorzugsweise in die USA. Diejenigen, die ausharrten, wurden Versuchskaninchen in einem einmaligen Gesellschaftsexperiment des 20. Jahrhunderts. Um den Preis des weltweit höchsten individuellen Steuerdrucks erhielten sie das *folkshemmet*, das liebevoll Volksheim genannte Wohlfahrtssystem mit freier Schulbildung, Kinderbetreuung, Kranken- und Altenpflege. Vielleicht hat das soziale Sprungtuch in wirtschaftlich trüben Zeiten ein paar Knubbel und Risse bekommen. Vielleicht ist es strammer gespannt als früher. Doch es fängt nach wie vor. Da bleiben die Schweden gerne.

So wie jede Innenstadt-Insel ihren eigenen Charme hat, so hat sie auch ihr eigenes Wetter. Es ist nicht überall so grau und matschig wie in der Gegend um die S:t Paulsgatan, wie ich erfahre, als ich mich mit Freunden verabrede:

Östermalm: „Doch, doch, hier scheint die Sonne!"

Kungsholmen: „Regen hatten wir seit einer Woche nicht mehr."

Reimersholme: „Bei uns graben sich schon Krokusse durch die Schneereste – verdreht, was?"

Ich will einen ordentlichen skandinavischen Winter. Für Hamburger Schietwetter bin ich schließlich nicht gekommen. Meine Jammerei wird bald erhört. Über Nacht schickt der Himmel einen halben Meter Schnee in den Westen von Södermalm, während es auf die restlichen Zentrumsinseln nur mehr ein paar Alibiflocken staubt. Das gefällt mir, den Kindern, die ihre Schlitten in den auf Söder knapp Tanto genannten Tantolundenpark hinüberziehen, und auch der Sonne, die wie festgefroren über dem Viertel prangt.

Wenige Tage später aber pfeift schon wieder ein eisignasser Wind durch die Straßen – die Gelegenheit, finde ich, um ins Kino zu gehen. Wie so oft schließt sich Anders mir an. Allerdings erst, nachdem er sich über das *dubba* im deutschen Kino und Fernsehen lustig gemacht hat, in dem alles Ausländische synchronisiert ist. – „Damit ihr auch ja nicht in die Verlegenheit kommt, eine Fremdsprache zu beherrschen!"

Das Angebot „Nimm zwei, zahl eins" gilt in Schweden auch auf sprachlicher Ebene. Neben meinem Schwedisch ist es auch mit dem Englischen steil bergauf gegangen. Das liegt daran, dass die meisten Filme und Serien aus den USA stammen und lediglich *textat*, also mit schwedischem Untertitel versehen sind. In einem Land mit weniger Einwohnern als Paris lohnt es sich nicht, das Original neu zu vertonen. Da laufen zur besten Sendezeit selbst rumänische, norwegische und französische Streifen mit kleinen Hilfszeilen. Nachts war mir oft Kommissar Rex begegnet, und just an diesem Morgen hatte mich der Simpsons-Clown mit einem deutschen „Oh, mein Papa" geweckt.

Auf der Kungsgatan erkenne ich Anders am schwarzen Ledermantel zwischen all den blinkenden Casinos und *Bio*-Leuchtschriften, hinter denen ein vegetarischer Freund bei seinem Besuch im Sommer ein Reformhaus vermutete. Doch wo *bio* draufsteht, ist in Schweden ein Kino drin.

„Bereit für den ganz normalen Sprachwahnsinn?", ruft mir Anders entgegen. „*Sure!* Schon lange. *Du med? On y va!*", antworte ich im Vorbeigehen und freue mich über sein perplexes Gesicht. Dafür hatte ich in der *t-bana* geübt.

Bei unserem Sitz- und Sehmarathon erfährt jedoch Anders Genugtuung, als wir dreimal die Werbung eines großen deutschen Elektronikmarkts zu sehen bekommen, in dem meine altmodisch gekleideten Landsleute ein Schwedisch sprechen, das an akzentuierter Dummheit nicht zu übertreffen ist.

Ich identifiziere Bengt bereits an seinen Holzclogs im Treppenhaus, renne aus der Küche und beobachte ihn über den Spion. Statt zu klingeln und zu einer *fika* hereinzukommen, schiebt er allerdings nur schnell ein Bündel durch den Türschlitz – Post für mich, die noch in der Skeppargatan gelandet war. Darunter ist eine Postkarte ohne Absender.

Triff mich Donnerstag um 19 Uhr an der blauen Pforte, Djurgårdsvägen 64!

Ich erkenne Sverkers Handschrift und finde es fast schon schade, dass er mich nicht mehr so leicht täuschen kann. Bengt verabschiedet sich unterdessen mit *Klack-klack-tock-tock* über den Steinboden im Parterre.

Blå Porten, die blaue Pforte oder auch blaue Haustür, stellt sich als charmantes Restaurant auf Djurgården heraus, in das Sverker seinen Sprachkurs ein letztes Mal zum Essen einlädt. Es muss herrlich sein, hier im Sommer bei einer *fika* am Springbrunnen unter den Bäumen zu sitzen. Ich geselle mich zu den Finnen an die Fensterfront und lausche einem

Gespräch über schwedische Männer, die – da nützen auch meine Einwände nichts – in den Augen der Finnen durch die Bank homosexuell sind. Das ist wohl die Rache dafür, dass *finne* im Schwedischen Pickel bedeutet. Als der Engländer und die Japanerinnen auftauchen, erinnere ich mich an die nervenaufreibende Zeit mit ihnen vor der Schwedischprüfung und bestelle das Teuerste auf der Karte: Fjordlachs in heller Soße.

„Seit wann magst du denn Fisch?", hakt der Engländer ein und runzelt demonstrativ seine Sommersprossenstirn: „Konsistenz und so." – „Weißt du, manche Menschen entwickeln sich in der Fremde weiter", entgegne ich. „Hör mal, ich hab mich auch ganz schön gut gemacht. Du weißt ja nicht, wie ich früher war!" Er ist gekränkt, zumindest schaut er so. Ich grinse: „Gut. Der Vorher-nachher-Vergleich fehlt mir natürlich. Ich nehme also an, dass dich Stockholm sehr zum Positiven verändert hat." – „Kannst du glauben! Und wir zwei hatten doch viel Spaß miteinander, würde ich sagen. Wenn du möchtest, überlasse ich dir als Deutscher sogar eure heiligen Kartoffeln." Es stimmt. Auf seine besondere Art hat selbst er zu einem wunderschönen Jahr in der Stadt beigetragen.

Beim Essen verteilt Sverker die Zeugnisse, die allen einen guten Lernprozess und eine ausgezeichnete Gesundheit attestieren. In einem persönlichen Schlusssatz bescheinigt er mir die in Schweden so wichtige Teamfähigkeit, überwiegende Einheit mit meinem inneren Ich, eine optimistische Ausstrahlung und einen kreativen Umgang mit Präpositionen. Damit kann ich gut leben.

Und wer hätte es gedacht: Selbst der Fisch ist ein Gedicht. Oder, wie es Sverker sinngemäß zum Abschied in die Runde ruft: „*Mums mums*, mit Lachs bin ich ein froher Max."

december

MIT GLANZ UND GLORIA siegen die Schweden über die Dunkelheit. Abermals ist es 24 Stunden hell in den belebten Straßenzügen – wie an Mittsommer und fast noch schöner. Die Sehnsucht der Einwohner nach den sonnigen Tagen strahlt in der Vorweihnachtszeit von den Fensterbrettern und Fassaden der Kaufhäuser. Von den obersten Stockwerken einer *villa* an der Skeppsbron auf Gamla stan glitzern künstliche Eiszapfen; Schiffe tragen Girlanden. Ein paar Meter weiter schimmert und flimmert über einer Tanne ein Lämpchen-Umhang, dessen Spiegelung im Wasser weiterwabert. Um mich herum drehen sich Sterne aus Pappe in der Ostseebrise. Sogar die Baustellen und abbruchreifen Parkhäuser nahe dem Hauptbahnhof sind mit bunten Glühbirnen geschmückt.

Der *rea*, der in vielen Geschäften bereits vor Weihnachten beginnt, behält derweil die Oberhand über mich. Wieder einmal stehe ich in den *Nilson*-Läden, und wieder einmal gehe ich mit einigen rechten Schuhen zur Kasse und bitte um Größe 38.

„Ich sehe sofort im Lager nach. *Fika?*", fragt die Verkäuferin. Um meine Wartezeit zu verschönern, schenke ich mir also aus der Kanne an der Kasse eine Tasse Kaffee ein, wozu mir ein junger Auszubildender eine Dose mit Pfefferkuchenplätzchen reicht.

„Selbstgebacken. Willst du auch einen *glögg*? Oder *lussekatter?*" Diese Luciakatzen, die er jetzt unter der Ladentheke hervorzieht, sind Safrankringel in Form einer Katze mit zwei Rosinenaugen. Leider mag ich den bitteren Geschmack nicht besonders. Aber am restlichen Angebot bediene ich mich gerne und ausgiebig. Die Rundumbetreuung erleichtert mir die Entscheidung für die Schuhe ungemein.

Die ersten Päckchen für die Lieben daheim habe ich bereits zu den Annahmestellen in den Supermärkten gebracht, denn dieses Weihnachtsfest möchte ich in Stockholm verbringen. Die Entscheidung, was danach wird, schiebe ich immer noch vor mir her.

Doch auch wenn die Konsumenten nicht so hektisch sind und sich besser über die Geschäfte verteilen als in der Münchner oder Kölner Innenstadt, habe ich allmählich genug. Die Suche nach Geschenken hat mich hungrig gemacht. Ich laufe die Kungsgatan zurück, über der in fünf Metern Höhe die Umrisse unterschiedlich großer Sterne brennen, und wandle unter Buchskränzen über die Einkaufsstraße Biblioteksgatan. Richtung Norrmalmstorg hat die Stadt einen roten Teppich ausgelegt, auf dem ich mir ein paar Meter lang intuitiv die Einkaufstüten vors Gesicht halte, da ich Linnéa keinen Anlass geben will, aus ihrem Accessoire-Laden zu hüpfen.

Vorne auf der Hamngatan bringen Weihnachtsmänner auf schwarz getupften Apfelschimmeln Süßes für die Kinder. Mir ist mehr nach gegrilltem Senftoast, und so reihe ich mich in die Schlange an einer Imbissbude ein. Auf dem mit Scherenschnitt verzierten Schild davor lese ich:

God jul önskar wurst i stan.
Frohe Weihnachten wünscht die Wurst in der Stadt.

„Genau das wünschen wir dir auch." Hinter mir höre ich Gelächter. Es sind Oskar und Ylva, die mich ins Nobelkaufhaus *NK* ziehen, wo sie gerade herkommen, damit ich den Koloss von Christbaum sehe, der dort von der Decke hängt.

Draußen holen wir uns *glögg* und betrachten in einem Familienpulk die zu einem Fantasieland dekorierten Schaufenster, die vor Knallfarben und Kitsch triefen. *Vad roligt!*, höre ich von allen Seiten, und es ist wahrlich lustig mitanzusehen, wie ein animierter Drache ein Orchester aus Kuscheltieren dirigiert, die Kinder ihn nachahmen und dabei ihre Sahnewaffeln gegen die Scheibe patschen. Im Gedränge kleckere ich heißen Wein auf einen goldenen Stern, der mir hier auf dem Gehweg noch nie aufgefallen war. Statt eines Händeabdrucks wie in Hollywood hat ein Elefant für die Tierschutzorganisation WWF eine Unterschrift und seinen Plattfuß hinterlassen.

Wir schlendern über den Weihnachtsmarkt auf Kungsträdgården, wo im Mittelalter Gemüse für den König angebaut wurde, und sind so schnell durch, dass wir an der Eislauffläche beschließen, ein paar Runden zu drehen. Ich bin gespannt, wie sich mein Exmitbewohner anstellt – aber ehrlich gesagt macht er sich um einiges besser als Ylva und ich. Mit unseren rudernden Armbewegungen und dem Gestolper, das uns permanent in Vor- oder Rücklage bringt, dürften wir aussehen wie betrunkene Vögel beim Flugversuch. Oskar hingegen gleitet mit der Eleganz einer Ballerina um die Statue eines Kriegerkönigs – aber nur so lange, bis ein Herr im eng anliegenden Ganzkörperanzug nicht mehr aufhören will, ihn mit seinen Pirouetten zu bezirzen. Hilfesuchend blickt Oskar zu Ylva herüber. Die aber macht keine Anstalten, ihn aus seiner misslichen Lage zu befreien: *„Ta det lugnt!"*

Dafür gebe ich ihr einen *glögg* aus – auf Gamla stan, dem zweiten und letzten Dauer-Weihnachtsmarkt der Stadt. Nur Skansen und Gröna Lund sorgen am Wochenende für Abwechslung, ganz anders als in Deutschland, wo alles, was auch nur im Entferntesten an einen Platz erinnert, sofort von Bretterbuden für Holunderglühwein und Apfelringe in Beschlag genommen wird. Aber Ylva hat Recht: Mit dem Lichterschmuck, dem Zimtduft und den Wurstständen an jedem Eck ist Stockholm ohnehin ein einziger Weihnachtsmarkt. Das unterstützt der Kirchturm in der Altstadt, der ohne Unterlass „Stille Nacht" und „Jingle Bells" spielt. Dazu schunkeln Oskar, Ylva und ich, nein, wir „schwanken Arm in Arm im Takt", wie es die Schweden umständlich bezeichnen. *Pling-pling. Plöng-plöng.* Was uns weihnachtlich stimmt, dürfte die Anwohner zur Verzweiflung dudeln.

Der Weg zurück führt uns an zwei milchig beleuchteten Plastik-Elchköpfen vorbei zum Grand Hôtel, wo die Limousinen hupen. Es hat zu nieseln begonnen, weshalb Chauffeure ihre Gäste mit Schirmen zu den Wagen geleiten. „Das sind die Nobelpreisträger", wirft Oskar ein, nachdem wir das Treiben eine Weile beobachtet haben.

Es stimmt wirklich. Den großen Tag hatte ich völlig ausgeblendet, nachdem es mir weder gelungen war, mich für die Preisverleihung im *konserthuset* noch für das Bankett im *stadshuset* zu akkreditieren. Auch Plan B, per Losverfahren an einen der 170 Plätze für Studenten zu kommen, ist schiefgelaufen. Jetzt stehe ich hier und muss zusehen, wie Fernsehteams die Wissenschaftsprominenz filmen, die sich auf den Weg zur feierlichen Ehrung macht. Allerdings hätte ich auch niemandem einen Namen, ein Forschungsgebiet oder eine Nation zuordnen können.

Doch! Eine Person kenne ich. Oskar auch. Zwischen all den Herren in Fracks stöckelt Gunilla heraus, die wiederum wie ein Hollywoodstar zurechtgemacht ist. Sie hatte mir einmal berichtet, dass sie und Gustav eine ausschweifende Hochzeit im Grand Hôtel gefeiert hatten. Von Bengt weiß ich, dass sie mit ehemaligen Ministerpräsidenten verwandt und sogar mit nordischen Staatschefs und Königshäusern eng bekannt sind. Somit ist es eigentlich nicht verwunderlich, dass sie in Nobelkreisen verkehren.

„Wie schade, dass das mit dir und Linnéa nicht funktioniert hat", sagt Gunilla, als sie mich entdeckt. Im Augenwinkel sehe ich, wie sich Oskar darüber freut, dass es noch WG-untauglichere Menschen als ihn gibt. Ich berichte ihr knapp, dass ich mich in der neuen Wohnung sehr wohlfühle – und breche ab, da ich wie so oft das Gefühl habe, ihre Zeit zu stehlen. Sie muss zur Preisverleihung, und bevor ich sie überreden kann, mich für ein paar Minuten einzuschleusen, ist sie weg.

Am Abend verfolge ich dann in Live-Mitschnitten im Fernsehen, wie die Mitglieder der Königsfamilie mit den Preisträgern pärchenweise die Steintreppe herabschreiten, um im mit Tischen und Bänken vollgequetschten Blauen Saal ihre Vorspeisensuppe zu löffeln. Die Moderatoren diskutieren derweil über die Kleider der Damen wie beim amerikanischen Oscar. „Silvia trägt ein wunderbar helles Abendkleid, das perfekt zu ihrem Teint passt. Aber Vickan stellt sie heute alle in den Schatten, so pompös in Pink. Das macht sich auch prima zu den rot-violetten Blumengebinden auf den Tischen, findest du nicht, Filipa?" – „Absolut. Besser sieht unsere Kronprinzessin wirklich nur noch im Hochzeitskleid aus, hihi ..."

Mitten beim Hummer wird der Literaturnobelpreisträger zum Interview gebeten. Das wird stilecht auf Französisch abgehalten, was für den Moderator offenbar überhaupt kein Problem darstellt und den Zuschauern wiederum mit Untertitel serviert wird.

Es ist schwer, sich in dieser Dunkelheit wach zu halten. Nur der Husten einer Frau in den vorderen Reihen, der durch das hohe Schiff der *tyska kyrkan*, der deutschen Kirche auf Gamla stan, hallt, bewahrt mich davor wegzudämmern. Irgendwann öffnet sich glücklicherweise das Seitenportal, und im fahlen Licht der Laterne im Innenhof erkenne ich die Umrisse von Jungen, die als Sternknaben, Pfefferkuchenmänner und Weihnachtswichtel verkleidet sind und sich am Altar postieren. Es folgen Pollie und weitere Schülerinnen als Jungfern, die Goldsterne und brennende Kerzen vor sich hertragen. Ihnen voran schreitet die Lucia, das Mädchen, auf dessen Kopf sage und schreibe sieben Kerzen brennen. Zu den vibrierenden

Tönen der Orgel stimmen sie alle ein Lied an, das mir mittlerweile allzu bekannt ist. *Sankta Lucia* singen sie, heilige Lucia. Von der melancholischen und doch feierlichen Melodie bekomme ich noch unter dem Rollkragenpullover Gänsehaut.

Die heilige Lucia, das hat mir Pollie bei unserem letzten Treffen erklärt, wird als Lichtbringerin verehrt und markiert die Wiederkehr der helleren Tage. Einer Legende nach trug sie einen Kerzenkranz auf dem Kopf, um die Hände frei zu haben, wenn sie Christen heimlich mit Lebensmitteln versorgte. Das weiße Gewand steht für ihre Keuschheit, das rote Band um den Bauch für das Martyrium, das sie erleiden musste, als sie entdeckt wurde.

Diese Rolle ist in Schweden jedes Jahr hart umkämpft. Im Privatfernsehen stimmten die Zuschauer über die nationale Lucia ab. Zudem wählt jeder Ort seine eigene, die sich dann in einer Kutsche zu Pflegeheimen, Industriebetrieben und Lebensmittelgeschäften bringen lässt, um dort Lichterlieder zu singen. All das erscheint mir ungewöhnlich in der sonst klassenlosen Gesellschaft, die zu vermeiden sucht, Menschen in eine Hackordnung zu sortieren. Schönheitswettbewerbe und Kult um Stars wie in Amerika findet man in Schweden kaum. Da bleibt Lucia die Ausnahme.

In der heutigen Messe klappt alles. Bei Elins kleiner Schwester vor zwei Tagen sah das noch anders aus: Keiner achtete auf den Herrn, der im Dunkeln verzweifelt versuchte zu dirigieren; die Einsätze waren dubios. Währenddessen fiel die Lucia wegen eines seltsamen Stichs am Hals in Ohnmacht. Der zweiten Besetzung tropfte Wachs aus ihrer Krone auf die eigenen Haare und auf einen Pfefferkuchenmann hinter ihr. Wegen Verbrennungen am Auge musste der auf schnellstem Weg ins Krankenhaus. Zudem fehlte ein Solosänger – er lag von *snaps* und *snus* beduselt in der *t-bana*.

„Keine Angst, es geht wieder aufwärts", ruft mir Pollies Mama aufmunternd zu, als ich im Nieselregen den Kirchenhof verlasse. Ich bin unsicher, ob sie meine sichtbare Müdigkeit meint oder die Wintersonnenwende, ab der das Licht in Dreiminutenschritten jeden Tag ein bisschen mehr in die Stadt zurückkehrt.

Entweder haben die Schweden den dritten und vierten Advent vergessen, oder es sind die vielen Erledigungen, wodurch mir das Zeitgefühl abhandenkommt, selbst im vorweihnachtsgemütlichen Stockholm. Jedenfalls steht plötzlich das Fest bevor. Aus Protest schenken Elin und ich uns genau das: einen verträumten gemeinsamen Nachmittag ohne Termine und Eile. In ihrer Wohnung kneten wir Pfefferkuchenteig, aus dem wir Männchen, Blumen und Herzen ausstechen, danach noch eine Ladung Spielgeld fürs Poker, womit ich Bertil überraschen möchte. All das ist so strapaziös, dass wir uns zu Qimmiq aufs Sofa fallen lassen und uns in einer einzigen Gewürzwolke zwei Testbleche einverleiben.

„Du bist ganz schön schwedisch geworden, weißt du?", attestiert mir Elin nach einer halben Flasche Begleitwein. Von ihr, der Vollblutschwedin, ein ungeheures Kompliment. „Findest du?", frage ich zurück. Aus Fremde war Alltag geworden, ja, aber einen geistigen Einbürgerungsprozess hatte ich nicht an mir beobachtet. „Absolut! Du bist gelassener geworden, kannst warten, bis du an der Reihe bist, ohne die anderen im Geiste zu töten. Du fragst verlorene Leute mit Stadtplan, ob du ihnen den Weg zeigen darfst. Du klammerst dich an jeden Lichtstrahl, isst im Sommer Fisch, im Winter Eis, und ich weiß gar nicht, wie du ohne deine fünf *fika*-Pausen pro Tag klarkommen sollst." Ich stimme ihr zu. Ich habe mich eingeschwedelt. Doch was das Autofahren, den Umgang mit Prominenten sowie die dauernde Landflucht betrifft, bin ich ausgesprochen deutsch geblieben.

An Weihnachten sind Lars und ich fein raus. Wir stellen die Wohnung, die Dekoration und die Getränke. Ums Essen kümmern sich unsere Gäste – elf Verwandte von Lars, die am Mittag des 24. als Karawane anreisen. Als Erste kommen Lars' Eltern mit einer gewagten Hochstapelei an Töpfen und Schüsseln aus dem Fahrstuhl. Es folgen Bertil mit Familie und einer kleinen Schnapsbrennerei unterm Arm sowie Lars' Bruder Stig mit den obligatorischen *kubb*-Hölzern, die auf dem Parkettboden bestimmt gut krachen und die neuen Nachbarn für uns begeistern. Als Letzte findet Lars' Schwester den Weg zu uns. Ihr Freund transportiert einen Obstsalat und drei Kuchenformen. Mit ihren Balancefähigkeiten könnten die Sällströms und Albertssons allesamt zum Zirkus gehen, stelle ich fest und überlege gleichzeitig, wer all das essen soll. Malin vielleicht. Sie zwingt keiner, Ballaststoffe durch die Gegend zu tragen.

„Sie schleppt schon genug mit sich rum", sagt Bertil und formt mit den Händen Malins Schwangerschaftsbauch im Endstadium nach, der allmählich mit seinem eigenen konkurrieren kann. Wie ein Spürhund versucht er den Christbaum zu orten und reißt dabei eine Leine von der Wand, an der Postkarten und Polaroids hängen, die meine Familie geschickt hat. Sie zeigen meine Freunde und Weihnachtsgeschenke, einen Hund, frische Brezen und sonstige Lockmittel aus der Heimat.

Für *jul*, das schwedische Weihnachtsfest, haben wir die Wohnung mit weißen Hyazinthen, Kerzen, beleuchteten Papiersternen und selbstgebastelten Körbchen aus buntem Glanzpapier dekoriert. Eine Tanne jedoch gibt es nicht. An allen Ecken der Stadt, bei der Arbeit, in so ziemlich jedem Fenster gegenüber und sogar in den Eingangshallen der Wohnhäuser leuchten Weihnachtsbäume. Unserer darf draußen im Wald mit seiner Familie feiern – sofern davon noch wer übrig ist. Stattdessen haben wir abgebrochene Zweige, die mir ein Baumhändler am Valhallavägen überlassen hatte, in riesigen Vasen in der Wohnung verteilt. Die verströmen einen so intensiv harzigen Geruch, dass ich seit Tagen das Gefühl habe, inmitten eines Naturschutzgebiets aufzuwachen. Für mich ist es das perfekte Naturerlebnis, und für Bertil wird es wohl auch reichen.

„Wir haben keinen Baum." – „Und worum sollen wir bitte tanzen?" Enttäuscht schlackert er mit den Fingern an den Ohren. Er wollte die *små grodorna*, die kleinen Frösche, um die Tanne tanzen. Ich bekomme ein schlechtes Gewissen und verspreche, mir eine Alternative zu überlegen.

Vorerst aber muss die jüngere Generation die Wohnung verlassen, weil sich Eltern, Tanten und Onkel der Vorbereitung des *julbord*, des typisch schwedischen Weihnachtsessens, widmen wollen und sich jegliche Hilfe verbitten. Wir wandern also hinüber zum Tanto und werfen unter vielen Gleichgesinnten die *kubb*-Hölzer, bis wir es vor Hunger nicht mehr aushalten.

Dreizehn gierige Mäuler sitzen daraufhin um drei zu einer festlichen Tafel improvisierten Tischen und lassen sich den ersten Gang schmecken. Zu Pellkartoffeln gibt es Heringe, die Elisabet in den sieben Variationen Senf, Sahne, Dill, Curry, Kaviar, Zwiebeln und Rotwein mit Nelkenpfeffer eingelegt hat. Sogar mein Gaumen frohlockt. Nur Onkel Bertil verbreitet Hektik, weil er sich zum Sommelier ernannt hat und alle zehn Sekunden aufspringt, um ein leeres Wein- oder Schnapsglas aufzufüllen. Gang zwei widmet sich den Lachspasteten, Makrelen und gefüllten Eiern. So langsam kapiere ich, wofür Lars eine rekordverdächtige Auswahl an Schüsseln besitzt. In Runde drei schlagen wir uns mit geräuchertem Rentier, Elchsalami und Sülzen herum.

Als ich gerade dabei bin zu explodieren, ruft Bertil: „Zeit für den Hauptgang!" Nun also werden die warmen Speisen aufgefahren. Mein Magen hebt sich. Ich beneide Malin um ihre Umstandskleidung und überlege, auf eine Hose mit Gummizug umzusteigen.

Ich kann gar nicht hinsehen. Herrlicher *Mariannelunds julskinka* in Senfkruste (gegrillter Weihnachtsschinken), der traditionelle *lutfisk* (luftgetrockneter Dorsch), *julkorv* (weihnachtlich gewürzte Wurst), Rote Bete, Rotkohl, Grünkohl, Blumenkohl, Wild und Lachs. Wie immer, wenn die Sällströms/Albertssons in der Nähe sind, hat mein Darm Stress. Gut, dass Bertil für Ablenkung sorgt und keiner mitbekommt, wie ich Spielverderberin eine Pause einlege.

Der Onkel hat sich bestens vorbereitet. Er reißt einen Witz nach dem anderen, mischt überlauten Gesang darunter, den ich nicht verstehe, und hopst an offenbar hüpfrelevanten Stellen von seinem Stuhl auf wie ein verrückt gewordener Hochzeitslader. „Keine Angst, er macht uns nur wieder den Bellman", murmelt mir Stig von der Seite zu und kaut weiter seine Rippchen, ohne dem außer Kontrolle geratenen Onkel mehr Beachtung als nötig zu schenken.

Carl Michael Bellman ist der bekannteste schwedische Liedermacher und Nationaldichter aus dem 18. Jahrhundert. Er führte ein Lotterleben, liebte volle Kneipen, volle Biergläser und vollbusige Frauen. Für sie ließ er viel Geld, das er nicht hatte, und als es seine Gläubiger wiederhaben wollten, flüchtete er über die norwegische Grenze. Bereits als Jüngling soll er im Fieberwahn in Versen gesprochen haben – und ähnlich wirkt es nun bei Bertil. Das *kubb*-Spiel ist den Nachbarn erspart geblieben, doch nun schallt der Gesang des Onkels durch die Wände. Als Showfinale schmettert der ein theatralisches, lang gezogenes

Ta dej sen dito en, dito två, dito tre.

Så dör du nöj-da-re!

Weil er uns gerade aufgefordert hat, von unserem Getränk noch ein, zwei, drei Schluck zu nehmen, damit wir glücklicher sterben, heben wir einen auf unseren einmaligen Bertil.

Bevor der weiter in seiner Repertoirekiste kramen kann, erzählt Lars von seinen Ideen für den Umbau von Slussen, für dessen altmodisches und wenig attraktives Verkehrskreuz so nah am schmucken Gamla stan mehrere Projekte zur Diskussion gestellt sind. Sein Architekturbüro ist der Favorit für den Zuschlag, was bedeuten würde, dass er endlich dauerhaft in Stockholm arbeiten könnte. Während der begeisterten Erklärung mehrstöckiger Brücken dort, wo Salz- auf Süßwasser prallt, bekommt der Lachs auf seiner Gabel wieder Meerestemperatur.

Beim Dessert vergesse ich, wie voll ich bin, und probiere von allem, was wie im Schlaraffenland zu mir wandert: von der *risgrynsgröt*, einem zimthaltigen Reisauflauf, vom Schokoladenkuchen, Mandelkuchen, Apfelpaj, Beerenpaj, Eis, Eiskonfekt. Zunächst aber tue ich es allen anderen gleich und rühre wild in einer Grütze. „Wer eine Mandel findet, wird nächstes Jahr heiraten", erklärt Stig. Seine Mutter also. Das wird spannend, denke ich noch, als ich mich auf die Couch lümmle und beim wichtigsten Termin des Tages, wenn Donald Duck alias *Kalle Anka* um 15 Uhr über die Mattscheibe schnattert und ganz Schweden nostalgisch kichert, zufrieden einschlafe.

Ein paar Stunden später bringt der *jultomte*, der Weihnachtsmann, die Geschenke. Er ist dem heiligen Nikolaus nachempfunden – den Weg in eine Christmette finden dennoch nur die wenigsten Stockholmer. Mit schweren Bäuchen lässt es sich eben schlecht laufen. Weil ich mich aber irgendwann wieder bewegen muss, bekomme ich von allen zusammen mein erstes eigenes Fahrrad in der Stadt und falle – außer mir vor Freude – jedem in der Runde um den Hals. Aber auch das ist Pipifax gegen Bertils Jubelschreie, als er sein essbares Pokerset entdeckt.

Als krönenden Abschluss leiht sich Lars eine mannshohe Pappfigur von seinem Nachbarn und stellt sie zwischen die Sofas und den Flatscreen. Bertil ist der Ersatz für den nicht vorhandenen Weihnachtsbaum mehr als recht. Wir tanzen die *små grodorna* also um Barack Obama, was den Vorteil hat, dass wir uns dabei besser sehen können und mehr lachen müssen, besonders weil Johan meint, dass sich die armen Frösche nun endlich Hoffnung auf Veränderung machen dürften.

„*Yes, we can!*", quakt Malin in ihrer besten Stockholmer Quäkstimme. Und ich halte es ganz mit Lisa von den Kindern aus Bullerbü: Eigentlich ist es schade, dass nicht ein bisschen öfter Weihnachten ist.

Wie verabredet, fahre ich am S:t Staffansdag, dem zweiten Weihnachtsfeiertag, zu Gunilla in die Skeppargatan. Heute sind alle bekleidet, und zwar mit weitem weißem Leinen; die Heizungen suggerieren Mittelmeerklima. Mittendrin nadelt der Christbaum, an den Gunilla Strohfiguren und eine Vielzahl schwedischer Flaggen gesteckt hat. Ich muss ihn einige Minuten bewundern, bevor mir ein Stuhl angeboten wird.

„Habt ihr denn so was auch schon in Deutschland?", fragt mich Bengt, worauf Gunilla antwortet: „Ach, natürlich, die kommen doch von dort, *dumbum*!" Dann sagt sie entschuldigend zu mir: „Er ist sehr verwirrt und anhänglich zurzeit. Wir haben beschlossen, dass er versucht, allein zu wohnen. Ich habe ihm zu Weihnachten eine Wohnung geschenkt."

„Wohin ziehst du denn?", frage ich ihn. Bengt ohne *mammi* kann ich mir nicht vorstellen. Mit seinem Minimum an Selbstständigkeit und Maximum an Abhängigkeit ist er das Gegenbeispiel zu Pippi Langstrumpf.

„Ich bin schon umgezogen – hinauf in eure WG." Ach du liebe Güte. Ich danke Linnéa dafür, dass sie mich vor fünf Wochen zu einem Auszug inspiriert hat. Sie selbst wird hier unten einziehen, erfahre ich. Die Nachmieter, die Gunilla für Caro und mich gefunden hatte, müssen jetzt spontan wieder raus. Gunilla findet die Lösung spitze, und ich erkenne die Vorzüge eines peniblen deutschen Mietvertrags, der einen gewissen Kündigungsschutz vor sprunghaften Vermieterinnen wie ihr bietet.

Gunilla legt meine mitgebrachten Gerbera auf den Tisch, direkt neben eine brennende schwarze Kerze. Die Stimmung gleicht der einer Beerdigung. Schweigend setzt sich die Familie um den improvisierten Altar und starrt auf die Spitzendecke. Ich werde unruhig. „Es ist so", beginnt Gunilla: „Heute vor wenigen Jahren war dieser schreckliche Tsunami. Wir fahren oft nach Thailand, wie du weißt." Ich erinnere mich. Thailand ist für Schweden in etwa das, was für die Deutschen Mallorca ist. Mehr als 150 000 von ihnen reisen jedes Jahr dorthin, bevorzugt im tiefsten Winter, um Sonne zu tanken.

„Wart ihr zur Zeit des Tsunamis dort?", frage ich. „Nein, kurz vorher sind wir heimgeflogen. Aber eine Cousine von mir ist ertrunken, Gustav vermisst seither einen Jugendfreund und zwei Arbeitskollegen von der Universität. Deswegen trauern wir." Ich bin geschockt und weiß nicht, was ich zu einem solchen Verlust sagen soll. Deshalb nicke ich bloß und schaue eine Weile in die züngelnde Flamme. Wenn das der Grund dafür ist, warum Mutter und Sohn nicht schwimmen gehen, verstehe ich die Logik nicht, wohl aber die Hintergründe.

Später recherchiere ich, dass 20 000 der neun Millionen Schweden während des Tsunamis in Thailand und auf Sri Lanka ihren Urlaub verbracht haben. Jeder Dritte im Volk verlor wie meine ehemaligen Vermieter Verwandte, Freunde oder Kollegen; den meisten anderen war zumindest ein Schicksal aus der Gemeinde oder dem Bekanntenkreis bekannt. Und wie beim Untergang der *Estonia* präsentierten die schwedischen Behörden einen katastrophal planlosen Katastrophenplan – ein Vertrauensbruch, den ihnen die Bevölkerung bis heute nicht verziehen hat.

Mikkel ist das zweite Kind meines Jahres in Stockholm. Gerade noch so. Malin bringt ihn am Silvesterabend im Karolinska-Krankenhaus zur Welt. Der kleine o8er wird sich wundern, was für witzige und emotionale Momente in dieser Stadt auf ihn warten. Wie ich wird er sich allmählich an ein herrliches Land und das *Ta-det-lugnt* seiner Leute gewöhnen und eine hinreißend verrückte Sprache erlernen. Ich hoffe nur, Lars wird kein Onkel Bertil. Aber Stig vielleicht.

Für das Feuerwerk sind wir spät dran. Dabei ist es nicht etwa so, dass Lars und ich auf einer Party versumpft wären. Die meisten Stockholmer begehen den Silvesterabend in kleiner, oft familiärer Runde und sehen die Live-Übertragung aus dem Freilichtmuseum, wo Schauspieler Börje Ahlstedt (der furzende Carl aus Ingmar Bergmans *Fanny und Alexander* sowie Räuberhäuptling Mattis aus *Ronja Räubertochter*) das Neujahrsgedicht vorträgt.

Wir hatten bei Hummer und schneegekühltem Sekt schwedische Bräuche begangen, zuletzt den, bei dem wir unsere Schuhe durchs Wohnzimmer warfen, um herauszufinden, was uns im neuen Jahr erwartet. Zeigt eine Schuhspitze zur Tür, steht fest, dass man den Wohnort wechselt oder stirbt. Gegen diese Horrorszenarien, die mir aus schwedischen Filmen und von Treffen mit Anders präsent sind, ist Bleigießen als Orakel natürlich was für Babys. Draußen beschießen uns die Nachbarn mit Böllern und Kleinstraketen aus ihren Armeekisten, die so groß sind wie Altglascontainer.

„Wir hatten lange keinen Krieg mehr", entschuldigt Lars den Enthusiasmus seiner Landsleute und rennt mit mir hinauf zur ballerfreien Zone in der denkmalgeschützten Fjällgatan mit dem zu kurz geratenen eisblauen Holzhaus neben einem orangefarbenen Riesen aus Stein. Hier bietet sich der ideale Blick auf Gamla stan zur Linken sowie Djurgården zur Rechten. Irgendwo sind auch Elin, Sanne und Lars' Freunde. Doch bevor wir sie im Gedränge ausmachen können, zählen die Menschen um uns herum schon die Sekunden bis zum Jahreswechsel herunter und jubeln los, als das Neujahrsläuten von Skansen herüberklingt. Eine Vielzahl von Feuerwerken mischt sich am Himmel und im Wasserspiegel zu dem gigantischsten modernen Kunstwerk, das ich je gesehen habe.

Als die Luft über dem Strömmen immer nebliger wird und unsere Nachbarn ihren Partnern Neujahrsversprechen ableisten, merke ich, dass auch Lars etwas loswerden muss.

„Wie sieht's aus?", schlägt der die Frage an, die seit Tagen unausgesprochen zwischen uns steht: „Schuhe lügen nicht. Mein *sambo* bleibt mir noch eine Weile, nehme ich an?"

Ich schüttle den Kopf: „Das war's! Ich komme nicht mehr wieder!"

Es sind die Sätze von Ola, dessen letzter Tag in der Skeppargatan mein erster war. Ohne jeden Zusammenhang waren sie mir gerade in den Sinn gekommen. Im Schwips gehen die Gedanken groteske Wege.

„Natürlich bleibe ich", korrigiere ich mich so *ta det lugnt* wie möglich: „Ich habe Königin Silvia noch nicht getroffen, keine Nordlichter gesehen, und das Wasser zwischen den Inseln muss auch erst mal zufrieren."

Aus dem Augenwinkel sehe ich, wie Lars nickt und verschmitzt in den Himmel blickt. Womöglich ahnt er, wie turbulent schön die kommenden Jahre an der Ecke Torkel Knutssonsgatan/Wollmer Yxkullsgatan werden.

Woanders leben

Bettina Baltschev
Ein Jahr in Amsterdam
Reise in den Alltag
Band 6002
Leben in Amsterdam – spätestens, wenn das Fahrrad geklaut wird, gehört man dazu ...

Barbara Baumgartner
Ein Jahr in Barcelona
Reise in den Alltag
Band 5823
Durch hell erleuchtete Straßen voller Leben schlendern – an einem gewöhnlichen Januarabend: Barcelona bringt Menschen zum Träumen.

Veronica Frenzel
Ein Jahr in Andalusien
Band 6171
Eigentlich wegen Recherchearbeiten für einen Dokumentarfilm in Granada unterwegs, wird Veronica Frenzel von Andalusien in den Bann gezogen. Hinreißend erzählt sie von Tortilla-Wettbewerben und der Olivenernte, von einem Fünfjährigen, der das Handwerk des Matadors erlernt, von der Bergregion La Alpujarra und vom Wandern in der Sierra Aracena.

Dela Kienle
Ein Jahr in Rom
Reise in den Alltag
Band 5994
Rom und die Römer zu verstehen ist keine leichte Aufgabe: Dela Kienle über: Metro-Nahkampf und den Wahnsinn der Bürokratie, italienische Männer und römische Hochzeiten, heiße Sommer und die Strandrituale der Römer in „Ostia Lido".

Anna Regeniter
Ein Jahr in London
Reise in den Alltag
Band 5741
Wenn Londontraum und Realität aufeinanderprallen – das schillernde Leben in der Hauptstadt Großbritanniens.

HERDER spektrum

Katharina Rutz
Ein Jahr in Peking
Reise in den Alltag
Band 5962
Mit dem China-Böller-Marathon in Peking beginnt ein Jahr voller
Überraschungen!

Anja Schönborn
Ein Jahr in Neuseeland
Reise in den Alltag
Band 5968
Anja Schönborn erzählt von traumhaften Landschaften, vom Alltag in den
Städten Wellington und Auckland, von der faszinierenden Kultur der
Maori und ihren Begegnungen mit den offensten und gelassensten
Menschen der Welt, den Kiwis.

Nadine Sieger
Ein Jahr in New York
Reise in den Alltag
Band 5946
New York: Hupkonzerte und Menschenmassen, Truthahn-Essen und new
friends – alles live!

Andrea Thiele
Ein Jahr in der Toskana
Reise in den Alltag
Band 5729
In der Sonne Italiens mit der Vespa zum Markt fahren und frische Zitronen
kaufen – ein Jahr dolce vita pur!

Jeannette Villachica
Ein Jahr in Dublin
Reise in den Alltag
Band 5971
How to speak like a real Dub – das etwas andere irische Tagebuch.

HERDER spektrum